너와 나, 그리고
우리의 헌법

너와 나, 그리고 우리의 헌법

2020년 3월 17일 초판 인쇄
2020년 3월 23일 초판 발행

지 은 이 | 이수천
발 행 인 | 송상근
발 행 처 | 삼일인포마인
등록번호 | 1995. 6. 26 제3－633호
주 소 | 서울특별시 용산구 한강대로 273 용산빌딩 4층
전 화 | 02)3489－3100
팩 스 | 02)3489－3141
가 격 | 17,000원

ISBN 978－89－5942－854－0 03360

너와 나, 그리고 우리의 헌법

이수천 지음

SAMIL | 삼일인포마인

"대한민국의 모든 국민은 헌법을 읽어야 합니다"

"대한민국의 모든 국민은 헌법을 알아야 합니다"

헌법은 국가의 법이자 국민의 법이다. 대한민국이라는 국가의 주인은 국민이다. 헌법 제1조가 그리 정하고 있기 때문이다. 대한민국의 주인인 국민은 그 주인으로서의 노릇을 다하고 있는 것일까? 그러하기도 하고 그러하지 않기도 할 것이다. 왜 그럴까? 헌법을 읽지 않았고 헌법이 가지고 있는 의미를 이해하지 못했기 때문일 것이다.

우리가 매일 접하는 뉴스의 대부분은 헌법 이야기이다. 정치 · 경제 · 사회 · 문화 등 수많은 우리의 생활영역의 이야기들이 헌법과 밀접한 관련을 가지고 있다. 그럼에도 불구하고 우리 국민들은 우리가 만든 헌법을 평생을 살면서 한 번도 읽어보지 않고 생을 마감하는 경우가 적지 않을 것이다.

헌법은 법률가에게만 필요한 법이 아니다. 모든 국민이 알아야 하는 법이기도 하다. 헌법을 알지 못하면 주인임에도 주인으로서의 노릇을 할 수가 없다. 저자도 그러하였다. 대한민국 국민임에도 내가 만든 헌법을 알지 못했고, 내가 만든 헌법적 가치를 생각하지 않고 살았다. 먹고 살기 급급하다는 이유에서, 외면하고 싶어서, 그 필요를 느끼지 못해서일 것이다.

20년 가까운 시간을 법학과 함께 하였다. 그럼에도 법학의 가장 기본이 되는 헌법을 읽지 않았으니 법학을 제대로 공부하고 가르치기에는 부족하였을 것이다. 지금부터라도 헌법의 조문과 가치 아래 살고 싶은 마음에서 모자라지만 이 교재를 출간하게 되었다.

교재가 출간되는데 많은 도움이 있었다. 우선, 삼일인포마인의 송상근 대표이사님께 심심한 감사의 말씀을 드린다. 그리고 조원오 전무님을 비롯한 삼일인포마인 가족들에게도 고맙고, 수고하셨다는 말씀을 전하고 싶다.

이 교재를 사랑하는 부모님과 아내, 그리고 아들 령(領)에게 전한다.

2020년 3월에

저자 이수천 씀

본 교재는 총 5편으로 구성되어 있으며, 그 내용은 다음과 같습니다.

헌법총칙

개관하기

헌법총칙은 헌법전문과 헌법총강으로 이루어져 있다.

'헌법전문'은 헌법의 서문을 말한다. 헌법전문은 정치적 공동체인 한 국가의 기본적인 법질서인 헌법을 누가, 어떻게, 어떠한 목적으로 만들었는가에 관한 헌법제정권자의 기본의지가 표현된 것이다. 헌법전문은 헌법이 지향하는 이념과 가치를 나타내고 있으며, 헌법전제를 지배하고 있는 기본적 헌법원리를 함축하고 있는 헌법의 헌법, 즉, 헌법의 핵이다.

'헌법총강'은 제1조에서 제9조까지의 규정을 말한다. 헌법총강은 헌법의 전체적인 논리전개를 위해 공통적인 사항을 규정한 부분이다. 헌법의 이해를 위해서는 헌법총강에 대한 고민과 생각이 어우러져야 할 것이다.

헌법총강의 내용을 조문을 중심으로 살펴보면 다음과 같다.

헌법전문

헌법전문

유구한 역사와 전통에 빛나는 우리 대한국민은 3·1운동으로 건립된 대한민국임시정부의 법통과 불의에 항거한 4·19민주이념을 계승하고, 조국의 민주개혁과 평화적 통일의 사명에 입각하여 정의 · 인도와 동포애로써 민족의 단결을 공고히 하고, 모든 사회적 폐습과 불의를 타파하며, 자율과 조화를 바탕으로 자유민주적 기본질서를 더욱 확고히 하여 정치 · 경제 · 사회 · 문화의 모든 영역에 있어서 각인의 기회를 균등히 하고, 능력을 최고도로 발휘하게 하며, 자유와 권리에 따르는 책임과 의무를 완수하게 하여, 안으로는 국민생활의 균등한 향상을 기하고 밖으로는 항구적인 세계평화와 인류공영에 이바지함으로써 우리들과 우리들의 자손의 안전과 자유와 행복을 영원히 확보할 것을 다짐하면서 1948년 7월 12일에 제정되고 8차에 걸쳐 개정된 헌법을 이제 국회의 의결을 거쳐 국민투표에 의하여 개정한다.

1. 헌법전문의 의미

'헌법전문'은 헌법전의 앞에 있는 서문을 말한다. 헌법전문은 우리나라 헌법의 제정과정, 헌법이 추구하는 목표, 헌법의 기본원리 및 건국헌법에서 현행헌법(제9차 개정헌법)에 이르게 된 과정과 현행헌법이 국회의 의결을 거쳐 국민투표에 의하여 개정되었음을 천명하고 있다.

헌법전문은 헌법의 기본원리와 헌법이 추구하는 이념 등 헌법의 내용 중 가장 중요한 부분 중 하나이다. 그런 이유에서 헌법전문은 "헌법의 핵(core)"으로서 기능을 한다.

2. 생각해보기

01 헌법전문은 헌법으로서의 효력이 인정될까? 만일 인정된다면 헌법전문으로부터 국민의 구체적인 기본권을 도출해 낼 수 있을까?

★

① '헌법전문'은 헌법이 추구하고자 하는 이념이 그 안에 녹아 있다. 그런 이유에서 헌법전문은 헌법의 가장 핵심적인 요소가 되며, 헌법의 일부이며, 헌법의 한 부분으로 볼 수 있다. 따라서 헌법전문은 헌법으로서의 효력이 인정된다.
② '헌법전문'은 헌법의 역사와 헌법이 추구하는 가치가 담겨져 있다. 따라서 국민 개개인이 국가에 대해 가지는 구체적 기본권성을 헌법전문으로부터 직접적으로 도출해낼 수는 없다고 볼 것이다.

02 헌법전문으로부터 국가유공자와 그 가족에 대한 응분의 예우를 해야 할 헌법적 의무가 도출될 수 있을까?

★

헌법전문의 제1문에서는 "유구한 역사와 전통에 빛나는 우리 대한국민은 3·1운동으로 건립된 대한민국임시정부의 법통과 불의에 항거한 4·19 민주이념을 계승하고"라고 표현하고 있다. 이러한 헌법전문의 규정에 비추어 볼 때 국가유공자와 그 가족에 대한 응분의 예우를 해야 할 헌법적 의무가 도출된다고 볼 수 있다.

제2장 헌법총강

제1조 국호, 정치체제, 주권

① 대한민국은 민주공화국이다.
② 대한민국의 주권은 국민에게 있고, 모든 권력은 국민으로부터 나온다.

1. 조문의 의미

(1) 제1조 제1항

대한민국은 우리나라의 '국호'이다. 국호란 국가의 명칭을 말한다.

'민주공화국'이란 우리나라의 정치체제를 말한다. 대한민국은 국민이 주인이고 그 주인인 국민의 의사표시가 합치되어 국가 정치체제의 중심이 된다는 것을 헌법 제1조 제1항은 천명하고 있다.

(2) 제1조 제2항

'주권'이란 주인이 되는 권리를 말한다. 대한민국의 주권은 국민에게 있다. 대한민국의 주인은 대통령도 국회의원도 대법원장도 아닌 국민이라는 것이다.

'권력'은 사전적 의미로는 남을 복종시키거나 지배할 수 있는 공인된 권리와 힘을 말한다. 특히 국가나 정부가 국민에 대하여 가지고 있는 강제력을 권력이라고 하는데, 국가 또는 정부가 가지는 모든 권력은 국민으로부터 나오는 것임을 헌법 제1조 제2항은 천명하고 있다.

2. 생각해보기

01 대한민국은 민주공화국이라는 헌법의 조문은 무엇을 의미하는가?

★ 헌법 제1조 제1항의 대한민국은 우리나라의 국호이다. 그리고 '민주공화국'은 국민이 주인이며, 국민의 의사의 합치로 국가의 정치체계가 구성되는 것을 의미한다.

02 대한민국의 주권은 누구에게 있고, 모든 권력은 누구로부터 나오는가?

★ '주권'이란 주인이 되는 권리를 말한다. 대한민국의 주권은 국민에게 있고, 대한민국의 모든 권력은 국민으로부터 나온다. 헌법 제2조는 이를 천명하고 있다.

제2조 국민, 재외국민

① 대한민국의 국민이 되는 요건은 법률로 정한다. [**관련법률 : 국적법**]
② 국가는 법률이 정하는 바에 의하여 재외국민을 보호할 의무를 진다. [**관련법률 : 재외동포의 출입국과 법적 지위에 관한 법률(재외동포법)**]

1. 조문의 의미

(1) 제2조 제1항

대한민국의 주권은 국민에게 있으며, 모든 권력은 국민으로부터 나오는 헌법원리를 '국민주권주의'라고 한다. 헌법상 국민주권주의의 주체가 되기 위해서는 대한민국의 국민이 되어야 하는데, 이는 상당히 복잡한 문제이다. 대한민국의 국민이 되는 요건에 대한 구체적인 내용은 「국적법」에서 정하고 있다.

국민이 특정 국가의 구성원이 되는 자격을 '국적'이라고 한다. 국민과 국적인 서로 밀접한 관련을 가진다. 국민이 되기 위해서는 대한민국의 국적을 가져야 한다. 국민과 국적은 서로 떼어 생각할 수 없다. 국민에 대응되는 용어가 외국인이다. 외국인이란 대한민국의 국적이 아닌 외국의 국적을 보유한 자를 말한다.

국민은 헌법상 기본권의 주체가 된다. 그러나 외국인은 원칙적으로 기본권의 주체가 될 수 없다. 국민과 외국인의 구별은 헌법을 공부함에 있어서 매우 중요한 구분이다. 그리고 단순하지 않다. 자세한 내용은 「국적법」을 참고하기 바란다.

(2) 제2조 제2항

'재외국민'이란 대한민국의 국적을 가진 자로서 외국에 있는 국민을 말한다. 재외국민도 대한민국의 국적을 가진 국민이다. 그런 이유에서 국가가 그들을 보호해야 하는 것은 당연하며, 헌법 제2조 제2항은 이를 규정하고 있는 것이다.

한편, 재외국민과 더불어 '외국국적의 동포'도 재외국민 못지 않게 대한민국이 보호해야 할 분들이다. 재외국민과 외국국적동포의 보호를 위해 「재외동포의 출입국과 법적 지위에 관한 법률」(재외동포법)이 제정되어 있다.

2. 생각해보기

01 대한민국의 국민이었던 자가 대한민국의 국적과 외국의 국적을 가진 동시에 가지는 것은 가능할까?

★

국적에 관해서는 「국적법」에서 자세한 규정을 두고 있으며, 그 기본적인 원칙은 '단일국적주의'이다. 따라서 우리나라 국민이 이중국적을 가지는 것을 불가능하며, 외국국적을 취득한 때에 대한민국의 국적은 상실된 것으로 본다.

02 「공직선거법」상 국회의원선거와 대통령선거에서 재외국민의 선거권은 인정될 수 있을까?

★

'재외국민'이란 국외에 거주하고 있으나 국적을 유지하고 있는 사람을 말한다. 예컨대, 대한민국의 국적을 보유하면서 영주권을 얻어 외국에 거주하고 있는 자를 말한다. 재외국민도 우리나라의 국민이다. 따라서 「공직선거법」상 신고절차 등 일정한 요건을 갖추면 국회의원선거와 대통령선거에서 선거권은 인정된다.

03 인간으로서 누릴 수 있는 권리를 인권이라고 하며, 국민으로서 누릴 수 있는 권리를 기본권이라고 한다. 외국인은 대한민국에서 인권과 기본권을 모두 누릴 수 있을까?

★

'인권'은 인간으로서 누릴 수 있는 권리로서 내국인과 외국인을 불문하고 모두 인정된다. 그러나 '기본권'은 원칙적으로 대한민국의 국민이 대한민국이라는 국가에 대해 누릴 수 있는 권리이다. 따라서 외국인의 기본권은 원칙적으로 인정되지 않는다. 다만, 인권적 요소가 강한 기본권은 외국인도 누릴 수 있는 경우가 있다.

제3조 영토

대한민국의 영토는 한반도와 그 부속도서로 한다. [**관련법률 : 영해 및 접속수역법**]

1. 조문의 의미

'영토'란 한 나라의 주권이 미치는 범위를 말한다. 헌법 제3조에서 말하는 영토는 육지, 영해, 영공을 모두 포함하는 개념으로 이해해야 한다. '육지'는 한반도와 그 부속도서를 말한다. '영해'는 일반적으로 기선으로부터 12해리까지의 바다를 말한다. '영공'은 육지와 영해의 상공을 말한다. '부속도서'란 한 나라의 주변에 딸려 있는 주변의 섬들을 말한다.

영토에 관한 규정을 두고 있는 헌법은 흔하지 않다. 그럼에도 불구하고 우리 헌법이 영토에 관한 조항을 둔 것은 분단국가라는 특수한 사정 때문일 것이다. 헌법은 북한지역과 그 부속도서도 대한민국의 영토라고 천명하고 있다. 당연히 그래야 한다.

2. 생각해보기

01 헌법 제3조의 영토조항은 헌법상 기본권으로 인정될 수 있을까?

★

헌법 제3조의 영토조항을 근거로 '영토권'을 국민의 기본권의 하나로 보는 것은 가능하다.

02 만약, 헌법의 영토조항이 헌법상 기본권으로 인정된다면, 영토조항을 근거로 국민은 그 기본권의 침해를 이유로 헌법소원을 청구할 수 있을까?

★

헌법 제3조의 영토조항을 근거로 하여 영토권을 국민의 기본권으로 보는 것은 가능하지만, 영토권을 국민의 개별적·구체적 기본권으로 보는 것은 무리가 있어 영토권을 근거로 독자적인 헌법소원을 청구하는 것은 인정되지 않는다. 헌법재판소도 그러하다고 한다.

제4조 통일

대한민국은 통일을 지향하며, 자유민주적 기본질서에 입각한 평화적 통일정책을 수립하고 이를 추진한다.

1. 조문의 의미

헌법 제4조를 '통일조항'이라고 한다. "우리의 소원은 통일이다"라는 노래가 있을 정도로 통일은 대한민국이 반드시 이뤄내야 할 국가의 숙제이자 국민이 염원이다. 헌법 제4조는 이를 천명하고 있다.

그렇다면 통일은 어떠한 방법으로 이루어져야 할까? 헌법은 그 방향을 제시하고 있다. 자유민주적 기본질서에 입각하여야 한다. 또한 평화적 방법에 의한 통일이어야 한다.

논란이 있다. 헌법의 조문 때문이다. "자유민주적 기본질서"와 "민주적 기본질서"의 차이를 과연 인정할 것인가 때문이다. 저자의 생각에 '자유'라는 글자가 있고 없고의 문제는 중요하지 않다고 본다. '자유'라는 글자가 있고 없고보다는 우리가 가지는 생각의 협소함이 더 큰 문제가 아닐까 한다.

2. 생각해보기

01 북한의 영토와 북한주민의 법적지위에 대해 헌법과 개별법률은 어떠한 견해를 가지고 있을까?

★

헌법은 제3조의 영토조항에 근거하여 북한의 영토를 대한민국의 영토로 보고 있으며, 북한주민도 대한민국 국민의 일부로 본다. 그에 반해 개별법률의 적용시 '북한지역'은 외국에 준하는 지역으로, '북한주민'은 외국인에 준하는 지위에 있는 자로 보고 있다.

02 자유민주적 기본질서에 입각한 통일이 이루어지는 경우, 사유재산의 보장과 시장경제질서의 근간이 흔들리는 통일의 방법도 헌법상 가능할까?

★

헌법은 제4조에서 우리가 추구하는 통일의 방향은 '자유민주적 기본질서에 입각한 평화적 통일'임을 천명하고 있따. 따라서 사유재산의 보장과 시장경제질서의 근간이 흔들리는 통일은 헌법상 허용되지 아니한다.

제5조 국제평화, 국군의 중립성

① 대한민국은 국제평화의 유지에 노력하고 침략적 전쟁을 부인한다.
② 국군은 국가의 안전보장과 국토방위의 신성한 의무를 수행함을 사명으로 하며, 그 정치적 중립성은 준수된다.

1. 조문의 의미

(1) 제5조 제1항

헌법전문은 대한민국은 항구적인 세계평화와 인류공영에 이바지하겠다는 목표를 제시하고 있다. 더불어 제5조 제1항은 대한민국은 국제평화의 유지에 노력하고 침략적 전쟁을 부인한다고 규정하고 있다. 이를 '국제평화주의'라고 하며, 국제평화주의는 헌법의 근간을 이루는 기본원리로 작동한다. 글로벌 시대에 국제평화 없이 대한민국의 평화는 요원하기 때문이다.

(2) 제5조 제2항

헌법 제5조 제2항은 국군의 존립 근거와 더불어 국군의 의무를 규정하고 있다. 더불어 국군은 정치적 중립성을 지켜야 한다고 규정함으로써 군대가 어느 특정 정파의 이익을 위해 행동해서는 아니됨을 천명하고 있다. 본 조항은 우리나라의 아픈 역사(쿠데타)에 대한 반성의 의미도 아울러 되새기고 있다. 헌법 제5조에 자리잡고 있으니 말이다.

2, 생각해보기

01 만약, 일본의 군대가 우리나라의 영토인 독도에 무단침입하는 경우 우리나라의 군대는 군사력을 동원하여 일본군을 물리치는 것은 헌법적으로 정당화될 수 있을까?

★

일본의 군대가 우리나라 영토인 독도에 무단침입하는 경우, 이는 대한민국의 영토에 대한 일본의 침공으로 보아야 할 것이다. 따라서 우리나라의 군대가 자위권의 행사 또는 국토방위의 목적에서 군사력을 동원하여 일본군을 물리치는 것은 헌법 제5조에 의해 정당화된다고 볼 수 있다.

02 전두환씨가 1980년 5월 18일 광주에서 자행한 행동은 헌법적 가치에서 정당화될 수 있을까?

★

전두환씨가 1980년 5월 18일 광주에서 자행한 행동은 헌법 제5조 제2항 국군의 사명과 정치적 중립의무를 위반한 것으로 헌법적으로 정당화되지 않는다. 국헌문란의 목적에서 행해진 행위이기 때문이다.

제6조 조약과 국제법규의 효력, 외국인의 지위

① 헌법에 의하여 체결·공포된 조약과 일반적으로 승인된 국제법규는 국내법과 같은 효력을 가진다.
② 외국인은 국제법과 조약이 정하는 바에 의하여 그 지위가 보장된다.

1 조문의 의미

(1) 제6조 제1항

'조약'이란 둘 이상의 국가가 당사자로서 체결하는 서면인 약정을 말한다. 조약은 그 명칭에 국한하지 않는다. 규약, 규정, 협약, 의정서 등 다양한 형태의 방식으로 체결된다. 조약이 체결되면 그 당사자가 되는 국가는 조약에 구속된다. 그 이유는 각 국가가 당사자가 되어 그 조약에 합의하였고 문서화가 이루어진 각 국가 간의 계약이기 때문이다.

'국제법규'란 국제적 법률관계에서 적용되는 법률과 법규명령을 말한다. 조약과 국제법규 중 헌법에 의하여 체결·공포된 국제법규는 국내법과 같은 효력이 있다. 국내의 법률과 동일한 법적 지위를 갖는다.

그러나 꼭 그런 것만은 아니다. 구체적 적용에 있어서는 조약과 국제법규나 국내법에 우선하는 경우도 있고, 뒤로 밀리는 경우도 있다. 헌법은 모든 법률의 기본법이기 때문에 조약과 국제법규의 일반적인 지위를 말하고 있는 것이다.

(2) 제6조 제2항

제6조 제2항은 외국인의 지위에 관한 규정이다. 외국인의 지위는 국제법과 조약이 정하는 바에 의하여 보장된다. 그렇다면 그 보장의 범위는 어떠할까? 서로 주고 받는다. 우리나라의 국민을 해당 국가에서 대우하는 만큼만 대우한다는 것이다. 이를 "상호주의"라고 한다.

2. 생각해보기

01 헌법에 의하여 둘 이상의 국가 간에 체결된 조약이 헌법에 위반되거나 국민의 권리를 침해하는 경우 위헌법률심판 또는 권리구제형 헌법소원심판이 대상은 되는 것일까?

★

헌법 제6조에 의하면, '헌법에 의해 체결된 국가간의 조약'은 국내법과 같은 효력을 가진다. 따라서 조약은 법률의 효력을 가지는 것으로 위헌법률심판의 대상이 되며, 조약의 체결로 인해 국민의 권리가 침해된 경우에는 권리구제형 헌법소원심판의 대상이 된다.

02 1992년 2월 19일 발효된 「남북사이의 화해와 불가침 및 교류협력에 관한 합의서」는 국가 간에 체결된 조약으로 볼 수 있을까?

★

헌법 제3조의 영토조항 등에 근거할 때, 북한은 하나의 독립된 국가가 될 수 없고 더욱이 외국도 아니다. 따라서 1992년 2월 19일 발효된 「남북사이의 화해와 불가침 및 교류협력에 관한 합의서」는 남북한 사이의 '신사협정' 또는 '공동성명'으로 보아야 할 것이며, 국가간에 체결된 조약으로 볼 수는 없다.

제7조 공무원의 책무 및 정치적 중립성

> ① 공무원은 국민전체에 대한 봉사자이며, 국민에 대하여 책임을 진다.
> ② 공무원의 신분과 정치적 중립성은 법률이 정하는 바에 의하여 보장된다. [**관련법률 : 국가공무원법, 지방공무원법**]

1. 조문의 의미

(1) 제7조 제1항

'공무원'은 국가 또는 공공단체와 근로관계를 맺고 공법상 특별권력관계에 의해 공무를 담당하는 것을 직업으로 하는 자를 말한다. 헌법 제7조 제1항의 공무원은 일반적인 공무원은 물론 선출직 공무원, 임시직 공무원 등을 모두 포함하는 광의의 개념이다.

공무원은 그 임용방식에도 불구하고 국민 전체에 대한 봉사자이다. 공무원이 집권당이나 임명권자를 위하여 일하는 자가 아니며, 국민 위에 군림하는 특권계급이 아닌 국민에 대한 봉사자임을 헌법은 천명하고 있다.

(2) 제7조 제2항

헌법 제7조 제2항의 공무원에는 선출직 공무원과 임시직 공무원은 제외되고 「국가공무원법」 또는 「지방공무원법」에 의해 임명된 자인 직업공무원만을 말한다. 제7조 제1항과 커다란 차이가 있는 부분이다. 직업공무원의 신분과 정치적 중립성은 법률로 보장한다. 오해하면 안 된다. 법률로 보장하는 것이므로, 법률에서 정한 징계요건에 해당하는 경우에는 공무원에 대해 정직, 직권면직, 퇴직 등도 강제할 수 있다.

공무원은 정치적 중립의무를 진다. 따라서 근로3권(단결권, 단체교섭권, 단체행동권)도 당연히 인정되는 것이 아니라 '법률이 허용하는 범위 내'에서만 인정된다. 공무원의 신분, 지위, 급여, 징계 등에 관한 구체적 내용을 규정하기 위해 「국가공무원법」과 「지방공무원법」 등이 제정되어 있다.

2. 생각해보기

01 헌법 제7조 제1항과 제2항의 공무원의 범위에 정치적 공무원이나 임시직 공무원은 포함되는 것일까?

★

헌법 제7조 제1항의 국민전체에 대한 봉사자로서의 지위를 가지는 공무원은 제7조 제2항의 직업공무원은 물론, 선출직 공무원, 임시직 공무원 등이 모두 포함된다. 그에 반해 헌법 제7조 제2항의 신분과 정치적 중립성이 법률에 의해 보장되는 공무원은 직업공무원에 한정되는 것으로 보아야 한다.

02 공무원의 임용 당시에는 연령정년에 관한 규정만 있었는데, 추후에 「국가공무원법」에서 계급정년제도를 신설하고 이를 소급적용하여 정년이 단축되도록 하는 것은 공무원의 신분보장에 관한 헌법 제7조 제2항에 위배되는 것일까?

★

헌법 제7조 제2항의 직업공무원제도에 대해서는 국회에 '광범위한 입법재량'이 인정된다. 따라서 공무원의 임용 당시에는 연령정년에 관한 규정만 있었는데, 추후에 「국가공무원법」에서 계급정년제도를 신설하고 이를 소급적용하여 정년이 단축되도록 하는 것은 제7조 제2항에 위배되지 아니한다.

제8조 정당

① 정당의 설립은 자유이며, 복수정당제는 보장된다.
② 정당은 그 목적 · 조직과 활동이 민주적이어야 하며, 국민의 정치적 의사형성에 참여하는 데 필요한 조직을 가져야 한다.
③ 정당은 법률이 정하는 바에 의하여 국가의 보호를 받으며, 국가는 법률이 정하는 바에 의하여 정당운영에 필요한 자금을 보조할 수 있다. [**관련법률 : 정당법, 공직선거법, 정치자금법**]
④ 정당의 목적이나 활동이 민주적 기본질서에 위배될 때에는 정부는 헌법재판소에 그 해산을 제소할 수 있고, 정당은 헌법재판소의 심판에 의하여 해산된다.

1. 조문의 의미

(1) 제8조 제1항

'정당'이란 정치적 이념이나 목적이 유사한 사람들의 집단 또는 단체를 말한다. 정당은 정치적 결사의 일종이다. 민주주의는 국민의 의사가 국가의 지도원리가 되는 이념으로서, 진정한 민주주의의 실현을 위해서 정당은 필수적이다. 국민의 뜻(의사)을 담는 그릇이 필요하기 때문이다.

제8조 제1항은 정당의 설립은 자유이며, 복수정당제는 보장됨을 천명하고 있다. 정당은 중앙선거관리위원회에 등록만 하면 설립된다. 즉, 정당설립에 인가나 허가 절차는 필요하지 않다.

(2) 제8조 제2항

본 조항을 정당의 개념표지규정이라고 한다. 정당은 ① 국가와 자유민주주의 또는 헌법질서를 긍정해야 하며, ② 공익실현에 노력해야 하고, ③ 정강이나 정책을 가져야 하며, ④ 국민의 정치적 의사형성에 참여해야 하고, ⑤ 상당한 기간 또는 계속하여 상당한 지역에서 국민의 정치적 의사형성에 참여해야 한다. 이를 함축적으로 표현하고 있는 것이 제8조 제2항이다.

(3) 제8조 제3항

'정당'은 국민의 정치적 의사형성에 필수적인 기능을 수행한다. 그런 이유에서 국가의 보호를 받으며, 정당운영에 필요한 자금은 「정치자금법」이라는 법률을 통해 보조할 수 있다는 것이다. 헌법에 의하면 정당운영에 필요한 자금을 반드시 국가가 보전해야 하는 것은 아니다. 보전할 수 있다고 하였기 때문이다.

(4) 제8조 제4항

'정당해산'에 관한 조항이다. 정당의 목적이나 활동이 민주적 기본질서에 위배될 때에는 헌법재판소에 의해 정당은 해산될 수 있다. 헌법재판소에 대한 정당 해산의 심판청구는 정부만이 할 수 있다. 2014년 12월 19일 헌법재판소는 통합진보당의 해산을 결정한 바 있다. 헌법재판소의 통합진보당 해산 결정에 대한 평가는 조금 더 시간이 흘러야 할 듯하다.

2. 생각해보기

01 국가의 공권력 행사에 의해 그 기본권이 침해된 경우에 정당은 헌법재판소에 헌법소원심판을 청구할 수 있을까?

★

'정당'은 정치적 이념이나 목적이 유사한 사람들의 집단 또는 단체를 말한다. 정당은 법적 실체가 법인격 없는 사단이지만, 헌법을 이를 법인으로 취급하고 있으며 법인은 국민의 일부이다. 정당도 정당에게 인정되는 헌법상 기본권(예: 평등권 등)이 침해된 경우에는 헌법재판소에 헌법소원심판을 청구할 수 있는 청구인 능력을 가진다.

02 헌법재판소의 정당해산의 결정으로 정당만 해산되는 것일까? 소속 정당의 국회의원도 그 지위를 상실하게 되는 것일까?

★

헌법재판소의 정당해산의 결정으로 정당이 해산되는 것은 당연하고, 그에 소속된 국회의원은 지역구 국회의원과 비례대표 국회의원도 그 지위를 상실하게 된다. 논란이 있을 수 있는 결정이지만 헌법재판소는 그러하다고 하고 있다.

제9조 전통문화와 민족문화의 계승 · 발전

국가는 전통문화의 계승 · 발전과 민족문화의 창달에 노력하여야 한다.

1. 조문의 의미

'전통문화'란 과거부터 이어져 내려오는 사상, 관습, 행동 등이 일정한 시간의 경과에 따라 유형 또는 무형으로 축적된 양식 또는 환경을 말한다. '민족문화'란 오랜 세월을 거쳐오는 동안 한 민족이 같이 생활하면서 축적해 온 경험과 지식의 총체를 말한다.

헌법 제9조는 전통문화의 계승 · 발전과 우리의 민족의 문화창달에 국가가 노력해야 한다는 것을 천명하고 있다.

2. 생각해보기

01 국가의 문화정책의 방향은 문화 그 자체일까? 아니면 문화풍토의 조성에 있을까?

★

헌법 제9조는 국가에 대해 전통문화의 계승·발전과 민족문화의 창달 의무를 천명하고 있다. 국가의 문화정책의 방향은 문화 그 자체가 아니라 문화풍토의 조성에 있다. 문화라는 것은 국민이 살아가는 생활양식 내지는 풍토이기 때문이다.

02 전통 민간신앙의 일종인 '무당굿'은 헌법 제9조에 의해 보호되어야 하는 전통문화 또는 민족문화가 될 수 있을까?

★

'무당굿'은 오늘날 종교적인 의식 또는 행사가 하나의 사회공동체적의 문화적인 현상으로 자리잡고 있는 것이므로 헌법 제9조에 의해 계승·발전되어야 하는 전통문화로 볼 수 있다. 오랫동안 우리 사회에 머물러 계승되었기 때문이다.

국민의 권리와 의무

개관하기

국민이 없는 국가는 상상할 수 없다. 헌법은 국가의 법이자, 국민의 법이다. 왜 그러할까? 그 이유는 대한민국의 주권은 국민에게 있고, 모든 권력은 국민으로부터 나오기 때문이다. 제2편은 대한민국의 주인인 국민의 권리와 의무에 관한 규정이다.

국민의 권리에 관한 규정을 '기본권 조항'이라고 한다. 기본권이란 국민이 국가에 대해 가지는 권리를 말한다. 국민이 국가에 대해 가지는 기본권을 주관적 공권이라고 한다. 그런 이유에서 국가는 국민을 보호해야 할 의무가 있다. 헌법에서 열거하고 있는 기본권에는 인간의 존엄과 가치, 행복추구권, 평등권, 자유권, 재산권, 참정권, 사회적 기본권, 청구권적 기본권 등 상당하다. 국민에게 헌법에서 열거하고 있는 기본권만 보장되는 것은 아니다. "국민의 자유와 권리는 헌법에 열거되지 아니한 이유로 경시되지 아니한다."는 제37조 제1항 때문이다. 그렇다고 하더라도 국민의 기본권이 무제한 보장되는 것은 아니다. "국민의 자유와 권리는 국가의 안전보장 · 질서유지 또는 공공복리를 위하여 필요한 경우에 한하여 법률로써 제한할 수 있기 때문이다. 다만, 법률로써 제한하는 경우에도 자유와 권리의 본질적인 내용은 침해할 수 없다."고 하는 제37조 제2항의 기본권제한의 법률유보규정 때문이다.

국민은 국가에 대해 권리만을 가지는 것은 아니다. 의무도 있다. 국민의 의무에 관한 규정은 헌법에서 여러 곳에 혼재되어 있다. 국민의 의무 중 중요한 것은 제38조 납세의 의무와 제39조 국방의 의무에 관한 규정이다. 대한민국이라는 국가가 존재하고 유지되기 위해서는 국가의 재정수입이 필요할 것이며, 그 중요한 원천은 조세(세금)이기 때문에 모든 국민은 법률이 정하는 바에 의하여 납세의무를 부담하도록 하고 있는 것이 제38조의 규정이다. 국가의 방위 또한 조세(세금) 못지 않게 중요하다. 제39조는 모든 국민은 법률이 정하는 바에 의하여 국방의 의무를 지도록 하고 있다.

제2편의 국민의 권리와 의무를 개관하면 다음과 같다.

제1장 국민의 권리(기본권)

제2장 국민의 의무

제1장 국민의 권리(기본권)

제10조 포괄적 기본권

모든 국민은 인간으로서의 존엄과 가치를 가지며, 행복을 추구할 권리를 가진다. 국가는 개인이 가지는 불가침의 기본적 인권을 확인하고 이를 보장할 의무를 진다.

1. 조문의 의미

'인간의 존엄과 가치'는 세상의 어떠한 것보다 인간은 고귀하며, 우주 만물의 어떠한 존재보다 인간이 중요하다는 것을 말한다. 인간의 존엄과 가치는 국민이 가지는 모든 기본권을 포괄하는 개념이며, 헌법상 열거된 기본권 또는 열거되지 않은 기본권의 근저가 되는 기본권이다. 헌법 제10조에서 규정하고 있는 인간의 존엄과 가치는 모든 기본권보장을 위한 기본이념이라고 할 수 있다.

'행복추구권'은 모든 국민은 행복을 추구하면서 살 권리가 있음을 말한다. 행복추구권은 구체적으로 자기가 원하는 대로 살 수 있어야 하며, 인간은 국가 또는 타인으로부터 불행이나 고통을 받지 않을 권리가 있음을 의미한다.

'인권'이란 인간으로서의 권리를 말한다. 인간이면 누구나 누릴 수 있는 권리를 말한다. 그에 반해 '기본권'이란 헌법이 국민에 대해 인정하고 있는 권리로서 국가는 이를 보호해야 하고 국민은 그 권리가 침해된 경우, 국가에 대해 침해의 구제를 요구할 수 있는 권리를 말한다.

헌법을 공부하면서 '인권'과 '기본권'의 개념구별은 상당히 중요하다. 특히 외국인에 대하여 그렇다. 외국인도 인간이기 때문에 당연히 인권을 가진다. 그러나 헌법이 보장하고 있는 기본권은 제한된 범위 내에서만 주체가 될 수 있다.

2. 생각해보기

01 (초기)배아와 태아는 인간으로서의 존엄과 가치의 권리가 구체화된 기본권인 생명권의 주체가 될 수 있을까?

★

'배아' 또는 '초기배아'는 수정 후 8주까지의 생명체를 말한다. 배아도 생명으로서의 첫걸음을 떼었다고 볼 수는 있지만, 아직은 인간으로서 인식되기 힘들고 그 사회적 승인도 존재하는 것으로 볼 수 없어 생명권의 주체는 될 수 없다고 보아야 할 것이다.
'태아'는 배아 이후 출산시까지의 생명체를 말한다. 태아는 인간으로서 최소한의 요건은 갖춘 것으로 생명권의 주체가 될 수 있다.

02 사망한 자, 즉 사자(死者)의 인격권은 보호될 수 있을까? 보호된다면 어떠한 기본권으로 보호될까?

★

'사자(死子)'는 원칙적으로 기본권의 주체가 될 수 없다. 그러나 존엄권이 예외적으로 인정될 수 있고 명예와 같은 일반적인 인격권의 주체는 될 수 있다. 따라서 사자에 대한 타인의 명예훼손이 있는 경우 그 후손은 명예를 훼손한 자에 대해 명예훼손죄 등으로 형사고발 등을 할 수 있다.

제11조 평등권 · 평등원칙

① 모든 국민은 법 앞에 평등하다. 누구든지 성별 · 종교 또는 사회적 신분에 의하여 정치적 · 경제적 · 사회적 · 문화적 생활의 모든 영역에 있어서 차별을 받지 아니한다.
② 사회적 특수계급의 제도는 인정되지 아니하며, 어떠한 형태로도 이를 창설할 수 없다.
③ 훈장 등의 영전은 이를 받은 자에게만 효력이 있고, 어떠한 특권도 이에 따르지 아니한다. [**관련법률 : 상훈법**]

1. 조문의 의미

(1) 제11조 제1항

모든 국민은 '법 앞에 평등'하다. 사람이 살아가는 세상에서 평등한 일보다는 평등하지 않은 일이 많다. 국가가 이를 모두 구제할 수는 없다. 다만, 법 앞에서 모든 국민은 평등하다는 것이다. 헌법 제11조 제1항에서 말하는 '법'이란 국회가 입법한 법률은 물론 법의 속성을 가진 관습이나 국제적 관습 등도 포함하는 넓은 개념이다. '평등'이란 절대적 평등이 아닌 상대적 · 실질적 평등을 말한다.

모든 국민은 누구든지 성별 · 종교 또는 사회적 신분에 의하여 정치적 · 경제적 · 사회적 · 문화적 생활의 모든 영역에 있어서 차별을 받지 아니한다. 이를 '차별금지의 원칙'이라고 한다.

(2) 제11조 제2항

'사회적 특수계급제도'는 신분에 따라 경제적 · 사회적으로 특수한 혜택을 받는 계급을 말한다. 현대사회에서 사회적 특수계급제도는 인정될 수 없다. 헌법 제11조 제2항은 너무도 당연한 것을 헌법이 조문으로 장식하고 있는 것이다.

(3) 제11조 제3항

'영전'이란 훈장과 포장을 말한다. 훈장 등의 영전을 이를 받은 자에게만 효력이 있을 뿐이다. 이를 영전일대의 원칙이라고 한다. 헌법상 평등원칙 또는 평등권에 비추어볼 때 당연하다. 한편, 헌법재판소는 국가유공자의 후손에게 부가연금을 지급하는 것은 헌법 제11조 제3항에 위배되지 않는다고 본다. 훈장 등의 영전에 관한 자세한 내용은 「상훈법」 등에 규정되어 있다.

2. 생각해보기

01 대한민국 국민 중 남성에 한하여 병역의무를 부과한 구 「병역법」 제3조 제1항은 여성에 비해 남성의 평등권을 침해하는 것일까?

★

헌법 제39조는 모든 국민은 법률이 정하는 바에 의하여 병역의무를 진다고 규정하고 있다. 그에 따라 「병역법」이 제정되어 운용되고 있는데, 병역의무에 대해서는 국회에 '광범위한 입법재량'이 허용된다. 대한민국 국민 중 남성에 한하여 병역의무를 부과한 구 「병역법」 제3조 제1항은 여성에 비해 남성의 평등권을 침해하는 것으로 볼 수 없다.

02 조세법의 규정 중 구 「소득세법」상 부부의 자산소득 부부합산과세 또는 구 「종합부동산세법」의 과세대상 부동산에 대한 부부합산과세의 규정은 헌법상 평등원칙에 위배되는 것일까?

★

조세법의 규정 중 구 「소득세법」상 부부의 자산소득 부부합산과세 또는 구 「종합부동산세법」의 과세대상 부동산에 대한 부부합산과세의 규정은 혼인한 자를 혼인하지 않은 자에 비해 조세의 부담을 가중하여 차별 취급한 것으로, 헌법 제36조의 양성평등의 원칙에 위배되는 것은 물론 제11조의 평등권 또는 평등원칙에 위배된다.

제12조 신체의 자유

① 모든 국민은 신체의 자유를 가진다. 누구든지 법률에 의하지 아니하고는 체포·구속·압수·수색 또는 심문을 받지 아니하며, 법률과 적법한 절차에 의하지 아니하고는 처벌·보안처분 또는 강제노역을 받지 아니한다. [**관련법률 : 형법, 형사소송법 등**]
② 모든 국민은 고문을 받지 아니하며, 형사상 자기에게 불리한 진술을 강요당하지 아니한다.
③ 체포·구속·압수 또는 수색을 할 때에는 적법한 절차에 따라 검사의 신청에 의하여 법관이 발부한 영장을 제시하여야 한다. 다만, 현행범인인 경우와 장기 3년 이상의 형에 해당하는 죄를 범하고, 도피 또는 증거인멸의 염려가 있을 때에는 사후에 영장을 청구할 수 있다.
④ 누구든지 체포 또는 구속을 당한 때에는 즉시 변호인의 조력을 받을 권리를 가진다. 다만, 형사피고인이 스스로 변호인을 구할 수 없을 때에는 법률이 정하는 바에 의하여 국가가 변호인을 붙인다. [**관련법률 : 형사소송법**]
⑤ 누구든지 체포 또는 구속의 이유와 변호인의 조력을 받을 권리가 있음을 고지받지 아니하고는 체포 또는 구속을 당하지 아니한다. 체포 또는 구속을 당한 자의 가족등 법률이 정하는 자에게는 그 이유와 일시·장소가 지체없이 통지되어야 한다.
⑥ 누구든지 체포 또는 구속을 당한 때에는 적부의 심사를 법원에 청구할 권리를 가진다.
⑦ 피고인의 자백이 고문·폭행·협박·구속의 부당한 장기화 또는 기망 기타의 방법에 의하여 자의로 진술된 것이 아니라고 인정될 때 또는 정식재판에 있어서 피고인의 자백이 그에게 불리한 유일한 증거일 때에는 이를 유죄의 증거로 삼거나 이를 이유로 처벌할 수 없다.

1. 조문의 의미

(1) 제12조 제1항

'체포'란 사람의 행동을 억제하여 마음대로 이동할 수 없도록 하는 강제조치를 말한다. '구속'이란 체포한 사람을 일정한 장소에 가두어두는 강제처분이다. '압수'란 범죄혐의의 증거가 되는 물건을 발견하여 강제로 가져가는 조치를 말한다. '수

색'은 범죄혐의자 또는 압수할 물건이 있는지를 찾는 행위를 말한다. '심문'이란 수사절차 또는 재판과정에서 엄격한 절차가 아닌 간편한 방식으로 필요한 내용을 묻는 행위를 말한다.

체포·구속·압수·수색 또는 심문을 할 때에는 반드시 「형사소송법」 등의 절차에 의하여야 한다.

'처벌'이란 형사재판을 거쳐 유죄로 인정된 범죄자에 대하여 가하는 형벌을 말한다. '보안처분'이란 범죄자가 유사한 범죄를 저지를 가능성을 방지하기 위한 형벌 이외의 모든 강제처분을 말한다. '강제노역'이란 징역형을 받은 수형자에게 정해진 일을 시키는 것을 말한다. 처벌·보안처분 또는 강제노역은 법률과 적법한 절차에 의해서만 가능할 뿐이다.

헌법 제12조 제1항은 제1문에서 '신체의 자유'를 규정하고 있다. 그리고 제2문에서는 '적법절차의 원칙'을 규정하고 있다. 적법절차의 원칙에 관한 제12조 제1항의 규정은 형사절차에 국한되는 원칙이 아니라 행정절차 등 대부분의 국가기관의 행위에 대해 적용되는 일반원칙이다.

(2) 제12조 제2항

'고문'이란 수사기관이 범죄혐의자(피의자)의 자백을 받아내기 위하여 행하는 일체의 신체적 가혹행위를 말한다. 수사기관은 범죄혐의자에게 고문을 해서는 안 된다.

수사기관은 피의자를 조사하면서 진술을 강요해서는 안 된다. 이때 피의자는 자기에게 불리한 진술은 물론 어떠한 내용의 진술도 거부할 수 있다. 이를 '진술거부권'이라고 한다. 진술거부권은 피의자는 물론 피고인에게도 인정되는 권리이다.

헌법 제12조 제2항이 형사상 진술거부권을 인정한 것은 수사기관이 피의자 또는 피고인을 조사하면서 범죄혐의에 대한 입증(증명)은 수사기관 스스로 해야 함을 뜻한다.

(3) 제12조 제3항

'영장주의'에 관한 규정이다. 원칙적으로 적법한 절차에 따라 검사의 신청에 의하여 법관이 발부한 영장을 제시하여야만 체포・구속・압수 또는 수색을 할 수 있다. 이를 '사전영장주의'라고 한다.

한편, 현행범인인 경우와 장기 3년 이상의 형에 해당하는 죄를 범하고 도피 또는 증거인멸의 염려가 있을 때에는 사후에 영장을 청구할 수 있다. 이를 '사후영장주의'라고 한다. 사후영장은 체포・구금 등을 한 후 48시간 이내에 법관에게 신청하여야 한다.

헌법은 영장주의의 적용에 있어서 사전영장주의를 원칙으로 하고 있으며, 부득이한 경우에 한하여 사후영장청구가 가능하도록 하고 있다. 국민의 신체의 자유를 보호하기 위함이다.

(4) 제12조 제4항

'피의자'란 범죄 혐의가 인정되어 수사기관의 수사대상이 된 사람을 말한다. '피고인'이란 피의자 중 수사가 종결되어 검사에 의해 공소가 제기(기소)된 자를 말한다.

누구든지 체포 또는 구속을 당한 때에는 즉시 변호인의 조력을 받을 권리를 가진다. 변호인의 조력을 받을 권리는 피의자나 피고인 모두에게 인정되는 기본권이다.

'국선변호인'은 국가가 선임해 준 변호인을 말한다. 형사피고인이 스스로 변호인을 구할 수 없을 때에는 「형사소송법」이 정하는 바에 의하여 국가가 변호인을 붙인다. 국선변호인을 붙이는 것은 피의자가 아닌 피고인에 한정하고 있다.

(5) 제12조 제5항

'미란다 원칙'에 관한 규정이다. 누구든지 체포 또는 구속의 이유와 변호인의 조력을 받을 권리가 있음을 고지받지 아니하고는 체포 또는 구속을 당하지 아니한다. 이러한 절차를 위반하여 받은 수사기관의 증거능력은 인정되지 않는다.

체포 또는 구속을 하는 경우에는 사전 고지(미란다 원칙)만으로는 충분하지 않다. 체포 또는 구속을 당한 자의 가족 등 법률이 정하는 자에게는 그 이유와 일시・장소가 지체없이 통지되어야 한다. 이를 수사기관의 '고지・통지의무'라고 한다. 피의자 또는 피고인의 가족의 알 권리와 그들의 인권보장을 위한 조치이다.

(6) 제12조 제6항

'체포・구속적부심사제도'에 관한 규정이다. '적부'란 적법한지 여부를 의미한다. 누구든지 체포 또는 구속을 당한 때에는 적부의 심사를 법원에 청구할 권리를 가진다. 체포・구속적부심사는 체포 또는 구속이 이루어진 후에 행사할 수 있는 사후적 권리라는 점에서 영장주의에 대응된다.

법원은 체포・구속적부심사의 청구서가 접수된 때로부터 48시간 이내에 심문하고, 심문이 종료된 때로부터 24시간 이내에 석방 여부를 결정하여야 한다.

(7) 제12조 제7항

'자백의 증거능력의 제한'에 관한 규정이다. '자백'이란 피의자 또는 피고인이 스스로 범죄사실의 일부 또는 전부를 인정하는 의사표시를 말한다.

피고인의 자백이 고문・폭행・협박・구속의 부당한 장기화 또는 기망 기타의 방법에 의하여 자의로 진술된 것이 아니라고 인정될 때에는 이를 유죄의 증거로 삼거나 이를 이유로 처벌할 수 없다.

정식재판에 있어서 피고인의 자백이 그에게 불리한, 유일한 증거일 때에는 이를 유죄의 증거로 삼거나 이를 이유로 처벌할 수 없다. 과연 우리나라의 검찰과 법원이 그러하였는지는 되돌아볼 일이다.

2. 생각해보기

01 헌법 제12조 제1항은 신체의 자유에 관한 조항에서 적법절차의 원칙을 규정하고 있는데, 헌법상 적법절차의 원칙은 형사절차에 한정해서만 적용되는 원칙일까?

★

'적법절차의 원칙'이란 모든 국가작용은 법률에 따른 절차에 의하여야 하는 원칙을 말한다. 적법절차의 원칙은 인신의 구속이나 처벌 등 형사절차는 물론 모든 입법작용과 행정작용에서도 광범위하게 적용되는 독자적인 헌법원리이다.

02 전투경찰순경에 대한 징계처분으로 영창을 규정하고 있는 구 「전투경찰대 설치법」 조항은 헌법상 영장주의의 원칙에 대한 예외가 될 수 있을까?

★

전투경찰순경에 대한 징계처분으로 영창을 규정하고 있는 구 「전투경찰대 설치법」 조항은 영장주의가 적용되지 아니하므로 적법절차의 원칙에 위배되지 아니한다. 논란이 있을 수 있지만 헌법재판소는 그러하다고 하고 있다.

03 변호인을 선임변호인과 국선변호인으로 구별한다면, 피의자와 피고인은 헌법상 변호인의 조력을 받을 권리의 범위에서 선임변호인과 국선변호인의 조력을 받을 권리를 모두 가질 수 있을까?

★

'피의자'란 범죄혐의자 있는 자로 아직 공소가 제기되지 않은 자를 말한다. 그에 반해 '피고인'이란 범죄혐의가 있는 자로서 공소가 제기된 자를 말한다. 피의자와 피고인은 변호인의 조력을 받을 권리가 인정되며, 이때 선임변호인의 조력을 받을 권리에 대한 제한은 없다. 다만, 국선변호인은 피의자에게는 인정되지 않고, 피고인에 한해서만 인정된다.

04 실형을 선고받은 수형자를 다른 교도소로 이송하는 과정에서 교도소장이 수형자를 4시간 정도에 걸쳐 포승과 수갑을 채운 보호장비를 사용한 행위는 수형자의 신체의 자유를 침해하는 것일까?

★

실형을 선고받은 수형자를 다른 교도소로 이송하는 과정에서 교도소장이 수형자를 4시간 정도에 걸쳐 포승과 수갑을 채운 보호장비를 사용한 행위는 이송과정에서 탈출 등을 예방하고 안전한 이송행위를 위한 것으로서, 수형자의 신체의 자유를 침해하지 아니한다.

제13조 형벌불소급, 소급입법의 금지, 자기책임의 원칙

① 모든 국민은 행위시의 법률에 의하여 범죄를 구성하지 아니하는 행위로 소추되지 아니하며, 동일한 범죄에 대하여 거듭 처벌받지 아니한다. [**관련법률 : 형법**]
② 모든 국민은 소급입법에 의하여 참정권의 제한을 받거나 재산권을 박탈당하지 아니한다.
③ 모든 국민은 자기의 행위가 아닌 친족의 행위로 인하여 불이익한 처우를 받지 아니한다.

1. 조문의 의미

(1) 제13조 제1항

'소추'란 제도적으로 마련된 법적 절차에 의해 특정인을 심판(재판)의 재상으로 삼는 행위를 말한다. 모든 국민은 행위시의 법률에 의하여 범죄를 구성하지 아니하는 행위로 소추되지 아니한다. 이를 '형벌불소급의 원칙'이라고 하며, 형벌불소급의 원칙은 죄형법정주의에서 파생된 원칙으로 볼 수 있다.

모든 국민은 동일한 범죄에 대하여 거듭 처벌받지 아니한다. 이를 '이중처벌금지의 원칙'이라고 한다. 이중처벌금지의 원칙은 한번 판결이 확정되면 동일한 사건에 대하여는 다시 심판할 수 없다는 소송법상 원칙인 일사부재리의 원칙이 국가형벌권의 기속원리로 헌법이 선언한 원칙이다.

(2) 제13조 제2항

모든 국민은 소급입법에 의하여 참정권의 제한을 받거나 재산권을 박탈당하지 아니한다. 이를 '소급입법금지의 원칙'이라고 한다. 소급입법금지의 원칙은 형벌불소급의 원칙이 참정권과 재산권에 확대되어 적용되는 원칙이다. 형벌만큼 참정권과 재산권도 민주주의 국가에서는 중요한 국민의 기본권이기 때문이다.

(3) 제13조 제3항

모든 국민은 자기의 행위가 아닌 친족의 행위로 인하여 불이익한 처우를 받지 아니한다. 이를 '자기책임의 원칙' 또는 '연좌제의 금지'라고 한다. 이때 불이익한 처우란 국가 형벌권에 한정되지 않고, 국가로부터 받는 모든 불이익을 말한다. 이 조항에서도 아픈 우리의 역사를 볼 수 있다.

2. 생각해보기

01 성범죄자에 대한 전자장치부착명령에 대해서도 형벌불소급의 원칙이 적용되는 것일까?

★

'성범죄자에 대한 전자장치부착명령'은 전통적 의미의 형벌이 아닐 뿐 아니라, 성폭력범죄좌의 성행교정과 재범방지를 도모하고 국민을 성폭력범죄로부터 보호하기 위한 것으로서 형벌과 구별되는 비형벌적 보안처분이다. 따라서 성범죄자에 대한 전자장치부착명령에 대해서는 형벌불소급의 원칙이 적용되지 아니한다.

02 소급입법금지의 원칙은 형법에서는 형벌불소급의 원칙으로 구체화되는데, 조세법에서는 어떠한 원칙으로 구체화되는 것일까?

★

'소급입법금지의 원칙'은 조세법에서 소급과세금지의 원칙으로 구체화된다. 「국세기본법」은 헌법상 소급입법금지의 원칙을 구체화하기 위하여, 제18조 제2항에서 "국세를 납부할 의무가 성립한 소득, 수익, 재산, 행위 또는 거래에 대해서는 그 성립 후의 새로운 세법에 따라 소급하여 과세하지 아니한다."고 규정하고 있다. 이를 '소급과세금지의 원칙'이라고 한다.

03 종업원의 무면허의료행위 사실이 인정된 경우 그 범죄의 가담 여부나 종업원의 행위에 대한 감독의무위반 여부 등을 불문하고 영업주인 의사를 처벌하는 규정은 과연 타당할까?

★

종업원의 무면허의료행위 사실이 인정된 경우, 영업주의 의사가 그 범죄행위에 가담하지도 않았고, 종업원의 행위에 대한 감독의무를 위반하지 않은 경우에 영업주인 의사를 처벌하는 것은 헌법 제13조 제3항의 자기책임의 원칙에 위반된다.

제14조 거주 · 이전의 자유

모든 국민은 거주 · 이전의 자유를 가진다.

1. 조문의 의미

'거주'란 개인이 자신의 목적에 따라 머물기로 한 것을 말하며, '거주지'란 머물기로 한 장소를 말한다. '주거'란 개인이 거주지에서 살아가기 위해 마련한 공간을 말한다. '거주의 자유'는 개인이 자신이 머물기로 한 장소를 자유롭게 선택할 수 있음을 말하고, '이전의 자유'는 거주지를 자신의 선택에 따라 마음대로 이동할 수 있는 자유를 말한다.

현대사회에서 거주 · 이전의 자유는 직업선택의 자유와 밀접한 관련성을 가지며, 이 두 가지의 자유를 사회 · 경제적 자유라고 한다. 대한민국 국민은 거주 · 이전의 자유를 가진다.

대한민국 국민은 헌법상 거주 · 이전의 자유를 무한정 누릴 수 있다. 해외여행도 출국도 국적을 변경하는 것도 자유롭다. 그러나 외국인은 거주 · 이전의 자유가 제한된다. 대한민국의 국민이 아니기 때문이다. 가수 유승준의 입국이 쉽지 않은 예를 생각하면 쉬울 것이다.

2. 생각해보기

01 헌법이 보장하고 있는 거주·이전의 자유로 대한민국 국민은 자유롭게 국적을 이탈할 수 있는 국적변경의 자유도 허용되는 것일까?

★

헌법 제14조가 보장하는 대한민국 국민의 거주·이전의 자유에는 국내 거주·이전의 자유와 국외 거주·이전의 자유는 물론 '국적변경의 자유'도 포함된다. 대한민국 국민은 헌법 제14조에 의해 자유롭게 국적을 이탈할 자유도 가진다. 그러나 외국인은 입국의 자유가 허용되지 아니한다.

02 서울광장에서 시위를 막기 위해 경찰이 설치한 차벽설치가 헌법상 시민의 권리인 거주·이전의 자유를 제한하는 것일까? 시민의 일반적 행동의 자유를 제한하는 것일까?

★

서울광장에서 시위를 막기 위해 경찰이 설치한 차벽설치는 서울광장을 자유롭게 통행하고 횡단할 국민의 일반적 행동자유권은 침해하는 것이지만, 거주·이전의 자유를 침해하는 것은 아니다.

제15조 직업선택의 자유

모든 국민은 직업선택의 자유를 가진다.

1. 조문의 의미

'직업'이란 생활의 기본적 수요를 충족시키기 위한 계속적인 소득활동을 말한다. 헌법 제15조는 법문에서 직업선택의 자유라고 하지만, 이 조항은 직업 선택의 자유는 물론 직업 결정의 자유, 직업수행의 자유, 직업이전의 자유를 모두 포함하는 것으로 보아야 한다. 따라서 직업의 자유라고 하는 것이 타당하다.

직업의 자유 중 직업선택의 자유는 무한정 보장되는 것일까? 결론적으로 그렇지 않다. 법률이 인정하고 있는 자격제도, 등록제도 등에 의한 주관적 제한이 인정되고, 외국인은 원칙적으로 직업의 자유가 인정되지 않기 때문에 직업선택의 자유도 제한된 범위 내에서만 인정된다.

2. 생각해보기

01 헌법상 직업선택의 자유를 외국인도 무한정 누릴 수 있는 것일까?

★

헌법 제15조의 직업선택의 자유는 헌법상 기본권으로 원칙적으로 대한민국 국민에 한하여 인정되는 권리이다. 다만, 적법하게 고용허가를 받고 입국하여 우리나라에서 일정한 생활관계를 형성·유지하는 외국인은 직장선택의 자유의 주체가 될 수 있다.

02 국세관련 경력공무원에 대한 세무사자격 부여제도를 폐지한 것은 경력직 세무공무원의 직업선택의 자유를 침해하는 것일까?

★

국세관련 경력공무원에 대하여 세무사자격 부여제도를 폐지한 것은 경력공무원에 대한 특혜시비를 완화하면서 아울러 일반 응시자들과의 형평을 도모하려는 공익적 목적을 가지는 것으로 그 목적의 정당성은 인정된다. 따라서 국세 관련 경력공무원의 직업선택의 자유를 침해하는 것은 아니다.

03 성인대상 성범죄로 형을 선고받아 확정된 자로 하여금 그 재범의 위험성 여부를 불문하고 그 형의 집행이 종료된 날부터 일률적으로 취업제한을 부과하는 것은 직업선택의 자유를 침해하는 것일까?

★

성인대상 성범죄로 형을 선고받아 확정된 자로 하여금 그 재범의 위험성 여부를 불문하고 그 형의 집행이 종료된 날부터 일률적으로 취업제한을 부과하는 것은 침해의 최소성과 법익의 균형성 원칙에 위반되어 직업선택의 자유를 침해하는 것이다.

第16條 주거의 자유

모든 국민은 주거의 자유를 침해받지 아니한다. 주거에 대한 압수나 수색을 할 때에는 검사의 신청에 의하여 법관이 발부한 영장을 제시하여야 한다.

1. 조문의 의미

'주거'란 개인이 거주지에서 살아가기 위해 마련한 공간을 말한다. 주택이나 사무실은 물론 자동차 안, 여관방 등도 주거의 자유에 의해 보호되는 생활영역(보호영역)이 된다.

주거에 대한 압수나 수색의 경우에도 영장주의에 의하여야 한다. 검사의 신청에 의하여 법관이 발부한 영장이 없으면 주거에 대한 압수 또는 수색을 할 수 없다. 물론 극히 제한적인 조건 하에서 예외는 인정된다. 예외 없는 규정은 없기 때문이다.

헌법상 주거의 자유(제16조), 사생활의 비밀과 자유(제17조), 통신의 비밀(제18조)을 묶어 사생활의 기본권이라고 한다.

2. 생각해보기

01 수사기관이 체포영장을 집행하는 경우 필요한 때에는 영장 없이 타인의 주거 등을 수색할 수 있도록 한 「형사소송법」의 조항은 헌법 제16조의 규정에 위반되는 것일까?

★

수사기관이 체포영장을 집행하는 경우 필요한 때에는 영장 없이 타인의 주거 등을 수색할 수 있도록 한 「형사소송법」의 조항은 헌법 제16조의 영장주의에 위배된다.

02 거주자의 승낙 없이 또는 거주자의 의사에 반하여 불법적으로 타인의 주거에 들어가거나 침입하면 「형법」상 어떠한 범죄가 성립할 수 있을까?

★

거주자의 승낙 없이 또는 거주자의 의사에 반하여 불법적으로 타인의 주거에 들어가거나 침입하면 「형법」 제319조 제1항의 주거침입죄가 성립하므로, 형사처벌의 대상이 될 수 있다.

제17조 사생활의 비밀과 자유

모든 국민은 사생활의 비밀과 자유를 침해받지 아니한다.

1. 조문의 의미

'사생활의 비밀'이란 개인의 사사로운 일상생활에 관한 사항으로서 일반인에게 아직 알려지지 않고 일반인의 감수성을 기준으로 할 때 공개를 원치 않을 사항을 말한다. '사생활의 자유'란 개인이 자신의 방식대로 생활할 수 있는 자유를 말한다. 사생활의 비밀과 자유에 대한 권리를 프라이버시(privacy)권이라고 한다.

헌법 제17조의 사생활의 비밀과 자유에 대한 규정은 개인의 사생활이 타인으로부터 침해되거나 함부로 공개되어서는 안 되는 소극적인 권리는 물론, 오늘날 고도로 정보화된 현대사회에서 자신에 대한 정보를 자율적으로 통제할 수 있는 적극적인 권리까지도 보장하려는 데 그 취지가 있다.

2. 생각해보기

01 자동차를 도로에서 운전하는 중에 좌석운전띠를 작용하지 않을 자유는 헌법이 보장하는 사생활의 비밀과 자유의 보호 영역에 포함되는 것일까?

★

'보호영역'이란 법에 의해 보호되는 생활영역을 말한다. 자동차를 도로에서 운전하는 중에 좌석운전띠를 작용하지 않을 자유는 헌법이 보장하는 사생활의 비밀과 자유의 보호 영역에 포함된다.

02 청소년 성매수 범죄자들의 성명, 연령, 직업 등의 신상과 범죄사실의 요지를 공개하도록 하는 규정에 따라 범죄인들의 신상 전과를 일반인이 알게 되는 경우 이는 성범죄자들의 사생활의 비밀과 자유를 침해하는 것일까?

★

청소년 성매수 범죄자들의 성명, 연령, 직업 등의 신상과 범죄사실의 요지를 공개하도록 하는 규정에 따라 범죄인들의 신상 전과를 일반인이 알게 되는 경우에도 이는 성범죄자들의 사생활의 비밀과 자유를 침해하는 것이 아니다.

제18조 통신의 비밀과 자유

모든 국민은 통신의 비밀을 침해받지 아니한다.

1. 조문의 의미

'통신'이란 우편이나 전신, 전화, 인터넷 등의 수단을 통해 정보나 의사 등을 전달하는 모든 행위를 말한다. 사람은 자신의 가치관과 의식에 따라 형성된 의사를 통신을 통해 타인에게 전달하게 되며, 그러한 의사가 모이면 다양한 견해가 형성된다. 헌법 제18조에서 규정하고 있는 통신의 자유는 특히 민주주의의 요체가 되는 여론의 형성에 지대한 영향을 미친다.

통신의 비밀과 자유가 보장되지 않는 국가는 국민의 여론형성이 제한될 것이며, 민주주의는 요원한 일이 될 것이다. 우리나라의 현대사에서 독재정권이 그토록 언론을 통제하고 장악하려 한 것을 생각하면 통신의 비밀과 자유가 얼마나 중요한 가치인지를 알게 될 것이다.

통신의 비밀은 개인정보의 자기결정권에서부터 시작된다고 볼 수 있으며, 민주주의의 요체가 된다.

2. 생각해보기

01 국가기관이 인가 없이 감청설비를 보유하고 사용할 수 있다는 사실만 가지고 곧바로 국가가 국민의 통신의 비밀과 자유를 침해한 것으로 볼 수 있을까?

★

국가기관이 인가 없이 감청설비를 보유하고 사용할 수 있다는 사실만 가지고 곧바로 국가가 국민의 통신의 비밀과 자유를 침해한 것으로 볼 수 없다. 그 이유는 국가가 국민의 안전보장, 질서유지 및 공공복리를 위하여 감청설비를 보유하는 것은 허용되기 때문이다.

02 불법 감청·녹음 등에 의하여 취득한 타인 간의 대화 내용을 어떠한 경로로 알게 되었는지 그 취득 경위를 묻지 않고 그 대화 내용을 공개한 자를 처벌하는 것은 헌법에 위배되는 것일까?

★

불법 감청·녹음 등에 의하여 취득한 타인 간의 대화 내용을 어떠한 경로로 알게 되었는지 그 취득 경위를 묻지 않고 그 대화 내용을 공개한 자를 처벌하는 것은 과잉금지의 원칙에 위배되지 않는 것으로, 헌법에 위배되지 아니한다.

제19조 양심의 자유

모든 국민은 양심의 자유를 가진다.

1. 조문의 의미

'양심'이란 사전적 의미로는 선량한 마음을 말한다. 그런데 헌법에서 보호하고자 하는 것은 그러한 양심이 아니다. 헌법 제19조에서 보호하고자 하는 '양심'은 어떤 일의 옳고 그름을 판단함에 있어서 그렇게 행동하지 아니하고는 자신의 인격적인 존재가치가 허물어지고 말 것이라는 강력하고 진지한 마음의 소리로서, 절박하고 구체적인 양심을 말한다.

모든 국민은 양심의 자유를 가진다. 헌법에서 말하는 '양심의 자유'란 외부의 간섭을 받지 않고 양심을 형성하고 결정을 내릴 수 있는 자유인 ① 양심형성의 자유와 형성된 양심을 외부로 표명하고, 양심에 따라 삶을 형성할 자유인 ② 양심실현의 자유를 포함한다.

2. 생각해보기

01 직장에서 상사가 시말서를 제출하라고 하면서, 그 시말서의 내용에 사건의 경위는 물론, 발생한 사고 등에 관하여 자신의 잘못을 반성하고 사죄한다는 내용을 포함하도록 한다면 직장상사의 지시는 양심의 자유를 침해하는 것일까?

★

직장에서 상사가 시말서를 제출하라고 하면서, 그 시말서의 내용에 사건의 경위는 물론 그 발생한 사고 등에 관하여 자신의 잘못을 반성하고 사죄한다는 내용을 포함하도록 한다면 직장상사의 지시는 그 지시를 받는 자의 양심의 자유를 침해하는 것이다.

02 양심적 병역거부자에 대한 대체복무제를 규정하지 않은 병역종류에 관한 조항은 양심적 병역거부자에 대한 양심의 자유를 침해하는 것일까?

★

양심적 병역거부자에 대한 대체복무제를 규정하지 않은 병역종류에 관한 「병역법」의 조항은, 양심적 병역거부자에 대한 양심의 자유를 침해하는 것이다. 그런 이유에서 헌법재판소는 대체복무제를 도입하라고 결정하였다.

제20조 종교의 자유

① 모든 국민은 종교의 자유를 가진다.
② 국교는 인정되지 아니하며, 종교와 정치는 분리된다.

1. 조문의 의미

(1) 제20조 제1항

'종교'란 무한・절대의 초인간적인 신을 숭배하고 신성하게 여겨 선과 악을 구분하고 행복을 얻고자 하는 것을 말한다. 헌법 제20조 제1항에서 규정하는 종교의 자유는 구체적으로 ① 신앙의 자유, ② 종교적 행위의 자유, ③ 종교적 집회・결사의 자유 및 ④ 종교전파(선교)의 자유를 포함한다.

(2) 제20조 제2항

'국교'란 국가가 특정한 종교를 지정하여 모든 국민에게 그 종교를 믿도록 하거나, 특혜를 부여하는 경우 그 종교를 국교라고 한다. 우리 헌법은 국교를 인정하지 않고 있다. 이를 '국교부인의 원칙'이라고 한다.

더하여 헌법은 종교와 정치는 분리됨을 천명하고 있다. 정치는 모든 국민을 위한 것이어야 하기 때문이다. 이를 '정교분리의 원칙'이라고 한다.

2. 생각해보기

01 어떤 사람이 자신의 종교적 신념을 타인에게 전달하기 위한 선교(종교전파)의 수단으로 지하철역에서 고성으로 선교행위를 하는 것은 헌법이 보호하는 종교의 자유의 보호영역에 포함되는 것일까?

★

'종교의 자유'에는 종교전파의 자유, 즉 선교의 자유가 포함된다. 그렇다고 하더라도 어떤 사람이 자신의 종교적 신념을 타인에게 전달하기 위한 선교(종교전파)의 수단으로 지하철역에서 고성으로 선교행위를 하는 것은 헌법이 보호하는 종교의 자유의 범위에 포함되지 아니한다.

02 일요일에 사법시험을 실시하는 것은 기독교 신앙을 가지고 자신의 종교적 신념을 절대적으로 지키고자 하는 사람의 종교의 자유를 침해하는 것일까?

★

일요일에 사법시험을 실시하는 것은 기독교 신앙을 가지고 자신의 종교적 신념을 절대적으로 지키고자 하는 사람의 종교의 자유를 침해하는 것이라고 볼 수 없다.

제21조 표현의 자유－언론 · 출판 · 집회 · 결사의 자유

① 모든 국민은 언론 · 출판의 자유와 집회 · 결사의 자유를 가진다.
② 언론 · 출판에 대한 허가나 검열과 집회 · 결사에 대한 허가는 인정되지 아니한다.
③ 통신 · 방송의 시설기준과 신문의 기능을 보장하기 위하여 필요한 사항은 법률로 정한다. [**관련법률 : 방송법, 신문 등 자유와 기능보장에 관한 법률, 전파법, 인터넷멀티미디어방송사업법, 정보통신망 이용촉진 및 정보보호등에 관한 법률 등**]
④ 언론 · 출판은 타인의 명예나 권리 또는 공중도덕이나 사회윤리를 침해하여서는 아니된다. 언론 · 출판이 타인의 명예나 권리를 침해한 때에는 피해자는 이에 대한 피해의 배상을 청구할 수 있다. [**관련법률 : 언론중재 및 피해구제 등에 관한 법률**]

1. 조문의 의미

(1) 제21조 제1항

'언론'이란 개인의 말이나 글로 자신의 생각을 외부로 표현하는 것 또는 그 말이나 글을 말한다. '출판'이란 개인이 하고픈 말이나 생각을 서적이나 회화 따위를 인쇄하여 세상에 내놓는 것을 말한다. '집회'란 여러 사람이 어떤 목적을 위하여 일시적으로 모이는 것을 말한다. '결사'란 여러 사람이 공동의 목적을 이루기 위하여 단체를 조직하거나 그렇게 조직된 단체를 말한다.

헌법 제21조 제1항은 모든 국민은 언론 · 출판의 자유와 집회 · 결사의 자유를 가짐을 천명하고 있는데, 이를 '표현의 자유'에 관한 규정이라고 한다. 표현의 자유에 관한 제21조 제1항의 규정은 민주주의 국가에서 정치 · 사회 · 경제질서의 본질적 요소이다. 표현의 자유는 민주주의 요체가 되는 것이므로 최대한 보장되어야 한다. '음란 표현'이나 '저속한 표현'도 마찬가지로 헌법의 표현의 자유의 보호영역 안에 있다.

(2) 제21조 제2항

'허가'란 행동이나 일을 하도록 허용하는 것을 말한다. '검열'이란 어떤 행위나 사업 등을 살펴보고 조사하는 것을 말한다. 언론 · 출판에 대한 행정청의 허가나 검열이 허용되는 경우 국민의 자유로운 의사형성은 국가기관에 의해 제약되고 통제될 수 있다.

헌법 제21조 제2항은, 국가는 언론 · 출판에 대한 허거나 검열 또는 집회 · 결사에 대한 허가권을 가지지 못한다는 뜻이다. 표현의 자유가 제약되면 민주주의, 국민주권주의는 요원하기 때문이다.

(3) 제21조 제3항

'통신'이란 우편이나 전신, 전화, 인터넷 등의 수단을 통해 정보나 의사 등을 전달하는 모든 행위를 말한다. '방송'이란 라디오, 텔레비전 등의 수단을 통하여 널리 듣고 볼 수 있도록 음성이나 영상을 전파로 내보내는 것을 말한다. 헌법 제21조 제3항은 통신 · 방송의 시설기준과 신문의 기능을 보장하기 위하여 이를 법률로써 제도적으로 보장한다는 것이다. 해당 법률에는 「방송법」, 「신문 등 자유와 기능보장에 관한 법률」, 「전파법」, 「인터넷멀티미디어방송사업법」, 「정보통신망 이용촉진 및 정보보호 등에 관한 법률」 등이 있다.

(4) 제21조 제4항

언론 · 출판도 정치적 속성을 가질 수밖에 없다. 표현의 자유를 보장하기 위하여 언론 · 출판의 자유는 최대한 보장되어야 하지만, 해서는 안 되는 것이 있고 해야 하는 것이 있다. 헌법은 해서는 안 되는 것을 해서 타인의 명예나 권리를 침해한 때에는 그로 인해 피해를 입은 자는 언론 · 출판사 등을 상대로 그 피해의 배상을 청구할 수 있음을 규정하고 있다. 이를 제도적으로 보장하기 위해 「언론중재 및 피해구제 등에 관한 법률」이 제정되어 있다.

2. 생각해보기

01 음란표현이나 저속한 표현 또는 허위사실의 표현도 헌법 제21조 제1항이 규정하는 언론·출판의 자유의 보호 영역에 해당할까?

★

헌법 제21조 제1항이 규정하는 언론·출판의 자유의 보호 영역에는 거의 제한이 없다. 따라서 '음란표현'이나 '저속한 표현' 또는 '허위사실의 표현'도 헌법 제21조 제1항이 규정하는 언론·출판의 자유의 보호 영역에 해당한다.

02 외국 음반을 국내에서 제작하거나 외국 비디오물을 수입할 때 영상물등급위원회의 추천을 받도록 하는 것은 언론·출판의 사전검열에 해당하여 헌법에 위반되는 것일까?

★

외국 음반을 국내에서 제작하거나 외국 비디오물을 수입할 때 영상물등급위원회의 추천을 받도록 하는 것은 언론·출판의 사전검열에 해당하여 헌법 제21조 제1항의 언론·출판의 자유에 위배된다.

03 의료인의 기능과 진료방법에 대한 광고를 금지하고 이에 대하여 벌금형에 처하도록 한 의료법의 규정은 헌법상 표현의 자유와 의료인의 직업수행의 자유를 침해하는 것일까?

★

의료인의 기능과 진료방법에 대한 광고를 금지하고 이에 대하여 벌금형에 처하도록 한 「의료법」의 규정은 입법목적을 달성하기 위한 필요한 범위를 넘어선 것으로, 헌법상 표현의 자유와 직업수행의 자유를 침해한다.

04 인터넷신문을 발행하려는 사업자가 취재인력 3인 이상을 포함하여 취재 및 편집인력 5인 이상을 상시 고용하지 않는 경우 인터넷신문으로 등록할 수 없도록 하는 것은 표현의 자유의 한 영역인 언론의 자유를 침해하는 것일까? 아니면 직업의 자유를 제한하는 것일까?

★

인터넷신문을 발행하려는 사업자가 취재인력 3인 이상을 포함하여 취재 및 편집인력 5인 이상을 상시 고용하지 않는 경우 인터넷신문으로 등록할 수 없도록 하는 것은 직업의 자유가 아닌 언론의 자유의 문제이다. 따라서 이 경우 언론의 자유는 침해하지만, 직업의 자유는 침해하는 것이 아니다. 헌법재판소의 견해이다.

05 언론사에 대한 국민의 반론보도청구권이 인정되기 위해서는 그 반론청구의 내용은 꼭 진실해야만 하는 것일까?

★

'반론보도청구권'이란 언론기관의 사실적 보도에 의한 피해자가 그 보도내용에 대한 반박의 내용을 게재하여 줄 것을 언론기관에 청구할 수 있는 권리이다. 반론보도청구권이 인정되기 위해서 그 반론청구의 내용이 꼭 진실하여야 하는 것은 아니다.

제22조 학문과 예술의 자유, 저작자 등의 권리

① 모든 국민은 학문과 예술의 자유를 가진다.
② 저작자·발명가·과학기술자와 예술가의 권리는 법률로써 보호한다. [**관련 법률 : 저작권법, 특허법 등**]

1. 조문의 의미

(1) 제22조 제1항

'학문'이란 어떤 분야를 체계적으로 배우고 익혀서 진리를 탐구하는 것을 말한다. '예술'이란 주관적·미적 체험을 형태 언어를 통하여 창조적·개성적으로 외부에 표현하는 자율적 활동을 말한다.

'학문의 자유'는 연구의 자유, 연구결과 발표의 자유, 교수 또는 강학의 자유를 포함한다. 구별할 개념이 있다. 수업이다. '수업'은 학문의 연구결과인 지식을 전달하고 인격을 도야하는 수단이다. 초·중·고등학교 교사가 하는 것이 수업이며, 수업의 자유는 헌법 제22조 제1항의 보호 영역에 포함되지 않는다.

'예술의 자유'는 예술 창작활동을 자유롭게 할 수 있는 예술창작의 자유와 창작한 예술품을 일반 대중에게 전시·공연 보급할 수 있는 자유인 예술표현의 자유를 포함한다.

(2) 제22조 제2항

헌법이 추구하는 학문과 예술의 자유가 보장되기 위해서는, 그 주체인 저작자·발명가·과학기술자와 예술가의 권리가 법률로써 보호되어야 한다. 이를 제도적으로 보장하기 위하여 「저작권법」, 「특허법」 등의 법률이 제정되어 있다.

2. 생각해보기

01 고등학교 교사가 수업의 자유를 내세워 자신이 연구한 결과가 민주적 기본질서에 위배됨에도 불구하고 그 연구결과를 학생들에게 여과 없이 전파하는 것은 가능할까?

★

'교수'는 학문의 자유의 한 내용이다. 그에 반해 '교사'는 수업권의 주체이다. 이때 '수업'이란 학문연구결과인 지식을 전달하고 인격을 도야시켜주는 수단으로 학문과는 구별된다.
고등학교 교사가 수업의 자유를 내세워 자신이 연구한 결과가 민주적 기본질서에 위배됨에도 불구하고 그 연구결과를 학생들에게 여과 없이 전파하는 것은 헌법상 허용되지 아니한다.

02 대학교수가 반국가단체로서의 북한의 활동을 찬양·고무·선전 또는 이에 동조할 목적 아래 한국전쟁과 민족통일이라는 논문을 제작·발표한 것은 헌법이 보호하는 학문의 자유의 범위 안에 있을까?

★

대학교수가 반국가단체로서의 북한의 활동을 찬양·고무·선전 또는 이에 동조할 목적 아래 한국전쟁과 민족통일이라는 논문을 제작·발표한 것은 헌법이 보호하는 학문의 자유의 범위 안에 있지 않다.

제23조 재산권

① 모든 국민의 재산권은 보장된다. 그 내용과 한계는 법률로 정한다. [**관련법률 : 도시계획법 등**]
② 재산권의 행사는 공공복리에 적합하도록 하여야 한다. [**관련법령 : 구 도시계획법, 구 토지초과이득세법 등**]
③ 공공필요에 의한 재산권의 수용·사용 또는 제한 및 그에 대한 보상은 법률로써 하되, 정당한 보상을 지급하여야 한다. [**관련법률 : 공익사업을 위한 토지 등 보상에 관한 법률 등**]

1. 조문의 의미

(1) 제23조 제1항

헌법이 보호하는 '재산권'이란 사적 유용성 및 그에 관한 원칙적 처분권을 내포하는 구체적 권리를 말한다. 헌법상 재산권의 개념을 충족하는 경우 공법상 권리, 사법상 권리, 특별법상 권리 등은 모두 재산권으로 보호될 수 있다.

한편, 재산권은 국민이 가지는 구체적 권리이므로, 재산권적 특성이 결여되어 있거나 단순한 기대이익 또는 반사적 이익 또는 사회부조적 성격의 급여(급부)는 헌법이 보장하는 재산권의 범주에 포함되지 않는다.

재산권에서 특히 중요한 것은 "재산권의 내용과 한계는 법률로 정한다"는 헌법 제23조 제1항 단서의 조문이다. 그 이유는 국민의 재산권의 제한에 관한 헌법의 근거규정이기 때문이다. 입법자는 재산권의 내용과 한계를 법률로 정함(형성함)에 있어서 헌법상의 재산권 보장과 재산권의 제한을 요청하는 공익 등 재산권의 사회적 기속성을 고려하고 조정하여야 한다. 그리고 양 법익이 조화와 균형을 이루도록 하여야 하며, 공익을 실현하기 위하여 적용되는 구체적인 수단은 그 목적이 정당해야 하며 법치국가의 요청인 비례의 원칙에 합치되도록 하여야 한다.

(2) 제23조 제2항

모든 국민에게 재산권이 무제한 보장되어야 하는 것은 아니다. 재산권은 헌법상 국민의 권리로서 보장되어야 하지만, 국가를 떠난 국민의 재산권 또한 아무런 의미를 가질 수 없기 때문이다. 헌법 제23조 제2항은 이를 뜻하고 있는 규정이다.

재산권의 제한에 관한 규정으로는 헌법 제37조 제2항도 함께 고려해야 한다. 재산권의 행사는 국가의 안전보장, 질서유지, 공공복리를 위해 제한될 수 있지만, 그 본질적 내용은 침해할 수 없다.

(3) 제23조 제3항

공공필요에 의한 재산권의 수용·사용 또는 제한 및 그에 대한 보상은 법률로써 하되, 정당한 보상을 지급하여야 한다. 당연한 조항이다. 다만, 정당한 보상은 어느 정도의 보상이 되어야 할 것인지가 문제된다. 헌법재판소는 '정당한 보상'이란 원칙적으로 피수용재산의 객관적인 가치를 완전하게 보상하는 '완전한 보상'을 의미하는 것으로 해석하고 있다.

2. 생각해보기

01 국가가 국민을 강제로 건강보험에 가입시키고 경제적 능력에 따라 보험료를 납부하도록 하는 것은 국민의 재산권을 침해하는 것일까?

★

국가가 국민을 강제로 건강보험에 가입시키고 경제적 능력에 따라 보험료를 납부하도록 하는 것은 재산권에 대한 제한은 된다. 그러한 제한은 정당한 국가의 목적달성을 위한 것이고, 공익이 사익보다 크므로 국민의 재산권을 침해하지 아니한다.

02 영화관 관람객이 입장권 가액의 100분의 3을 부담하도록 하는 영화상영관 입장권 부과금제도는 관람객의 재산권과 영화관 경영자의 직업 수행의 자유를 침해하는 것일까?

★

영화관 관람객이 입장권 가액의 100분의 3을 부담하도록 하는 영화상영관 입장권 부과금제도는 영화예술의 질적 향상과 영화발전기금의 안정적 재원 마련이라는 정당한 입법목적을 위한 것으로서 과잉금지의 원칙에 위배되지 않는 것으로 영화 관람객의 재산권과 영화관 경영자의 직업수행의 자유를 침해하지 아니한다.

03 국회의원이 보유한 직무 관련성 있는 주식의 매각 또는 백지신탁을 명하고 있는 구 「공직자윤리법」의 조항은 국회의원의 재산권을 침해하는 것일까?

★

국회의원이 보유한 직무 관련성 있는 주식의 매각 또는 백지신탁을 명하고 있는 구 「공직자윤리법」의 조항은 과잉금지의 원칙에 위배되지 않는 것으로 국회의원의 재산권을 침해하지 아니한다.

04 개발제한구역의 지정으로 인하여 토지를 종래의 목적으로 사용할 수 없거나 더 이상 법적으로 허용된 토지이용의 방법이 없는 경우 국가는 해당 토지의 소유자에게 헌법 제23조 제2항에 의한 정당한 보상을 해야 하는 것일까?

★

개발제한구역의 지정으로 인하여 토지를 종래의 목적으로 사용할 수 없거나 더 이상 법적으로 허용된 토지이용의 방법이 없는 경우 국가는 해당 토지의 소유자에게 헌법 제23조 제2항에 의한 정당한 보상적 조치가 있어야 비로소 허용되는 범주 내에 있는 것이다.

제24조 선거권

모든 국민은 법률이 정하는 바에 의하여 선거권을 가진다. [**관련법률 : 공직선거법, 지방자치법**]

1. 조문의 의미

'선거'란 투표를 통하여 여러 사람들 중에서 공직자나 대표자를 뽑는 것을 말한다. '선거권'이란 대표를 선출하는 선거에 참여하여 투표권을 행사할 수 있는 국민의 권리를 말한다. 선거권은 구체적으로는 대통령, 국회의원, 지방자치단체의 장, 지방의회의원 등을 국민이 선거에 참여하여 투표권을 행사할 수 있는 권리를 말한다.

국민주권주의 하에서 선거는 국민주권을 실현하고, 민주주의를 완성함에 있어서 필수적인 요소이다. 대통령과 국회의원 선거의 구체적 내용에 대해서는 「공직선거법」에서, 지방의회의원과 지방자치단체장의 선거에 대해서는 「지방자치법」 등에서 규정하고 있다.

대통령과 국회의원은 국민의 보통·평등·직접·비밀선거에 의하여 선출한다. 보통선거·평등선거·직접선거·비밀선거를 헌법상 선거의 일반원칙이라고 한다.

2. 생각해보기

01 「재외동포의 출입국과 법적 지위에 관한 법률」에 따라 국내거소신고인명부에 신고된 재외국민은 대통령과 국회의원선거에서 선거권이 인정될까?

★

「재외동포의 출입국과 법적 지위에 관한 법률」에 따라 국내거소신고인명부에 신고된 재외국민은 대통령과 국회의원선거에서 선거권은 법정요건을 충족한 것이므로 인정된다.

02 실형을 선고받은 수형자와 집행유예자의 선거권을 전면적으로 부정하는 것은 헌법상 허용될까?

★

'수형자'와 '집행유예자'에 대한 선거권의 전면적 배제는 위헌으로 보아야 한다. 다만, 헌법재판소는 수형자에 대해서는 잠정적용 헌법불합치결정을, 집행유예자에 대해서는 단순 위헌결정을 하였다.

03 외국인으로서 일정한 요건을 갖춘 자는 국회의원선거, 대통령선거, 지방의회의원선거, 지방자치단체장의 선거에서 선거권을 행사할 수 있을까?

★

외국인은 대통령선거와 국회의원 선거에서 선거권이 인정되지 아니한다. 다만, 외국인으로서 영주권을 취득한 후 3년이 경과하고 해당 지방자치단체의 외국인등록대장에 등록된 경우에는 '지방자치단체의 장'과 '지방의회의원 선거'에서 선거권은 인정된다.

제25조 공무담임권

모든 국민은 법률이 정하는 바에 의하여 공무담임권을 가진다. [**관련법률 : 공직선거법, 국가공무원법 등**]

1. 조문의 의미

'공무담임권'이란 일체의 국가기관과 공공단체의 직무를 담임(담당)할 수 있는 권리를 말한다. 공무담임권은 각종 선거에 입후보하여 당선될 수 있는 '피선거권'과 공직에 임명될 수 있는 '공직취임권'을 포괄하는 것으로 기회보장적 성격을 갖는다.

공무담임권은 능력주의를 기반으로 한다. 다만, 헌법 제34조에서는 여자 · 노인 · 신체장애자 등에 대한 사회보장의무를 규정하고 있는데, 이는 능력주의 원칙에 대한 예외규정으로 볼 수 있다.

공무담임권의 보호 영역에는 취임기회의 자의적인 배제, 공무원 신분의 부당한 박탈이나 직무의 부당한 정지도 포함된다. 다만, 공무수행의 자유 또는 단순한 내부 승진이나 인사에 관한 문제 등은 공무담임권의 보호 영역이 아니다.

2. 생각해보기

01 공무원이 형사사건으로 기소되면 필요적으로 직위해제처분을 하도록 하는 규정은 헌법에 합치하는 것일까?

★

'공무원이 형사사건으로 기소되면 필요적으로 직위해제처분을 하도록 하는 규정'은 헌법 제37조 제2항의 과잉금지의 원칙(비례의 원칙)에도 위배되고, 헌법 제27조 제4항의 무죄추정의 원칙에도 위반된다.

02 순경공채시험의 응시연령의 상한을 30세 이하로 규정하고 있는 것은 경찰공무원이 되고자 하는 국민의 공무담임권을 침해하는 것일까?

★

'순경공채시험의 응시연령의 상한을 30세 이하로 규정하고 있는 것'은 합리적이라고 볼 수 없으므로 침해의 최소성 원칙에 위배되어 공무담임권을 침해한 것으로 헌법에 위반된다.

03 법관의 정년을 정함에 있어서 대법관은 70세로, 대법관이 아닌 판사는 65세로 정하고 있는 「법원조직법」의 규정은 법관의 공무담임권을 침해하는 것일까?

★

법관의 정년을 정함에 있어서 대법관은 70세로, 대법관이 아닌 판사는 65세로 정하고 있는 「법원조직법」의 규정은 합리적인 이유가 있는 차별이므로 일반 법관의 공무담임권을 침해하지 아니한다.

제26조 청원권

① 모든 국민은 법률이 정하는 바에 의하여 국가기관에 문서로 청원할 권리를 가진다. [**관련법률 : 청원법**]
② 국가는 청원에 대하여 심사할 의무를 진다.

1. 조문의 의미

(1) 제26조 제1항

'청원'이란 국민이 국가기관에 대하여 의견이나 희망을 개진하는 것을 말한다. 헌법상 청원권은 국민이 국가기관에 대하여 청원을 하는 것에 그치지 않고, 해당 국가기관이 청원을 수리·심사하여 청원자에게 그 결과를 통지할 것을 요구할 수 있는 권리이다.

청원의 방법은 반드시 문서에 의하여야 하므로, 구두로 하는 것은 인정되지 않는다. 청원권의 행사에 대한 구체적 내용은 「청원법」에서 정하고 있다.

(2) 제26조 제2항

국민의 청원에 대하여 국가기관은 이를 심사할 의무를 진다. 심사의무는 심사하는 것에 그치지 않고 심사한 사항에 대한 결과통지의무까지 포함한다.

국가기관의 심사·통지는 그 청원을 어떻게 처리하였거나 처리할 것인지를 알 수 있을 정도로 결과를 통지하는 것으로 충분하다. 따라서 청원의 처리내용이 청원인이 기대한 바에 미치지 않는다고 하여 이를 헌법소원의 대상이 되는 공권력의 행사 또는 불행사로 볼 수는 없다.

2. 생각해보기

01 국민이 청원권을 행사함에 있어서 구두의 방법으로 하는 것은 가능할까?

★

헌법 제26조에 의해 인정되는 국민의 청원권은 그 행사에 있어서 문서로 하여야 한다. 따라서 구두에 의한 청원은 인정되지 아니한다.

02 국민이 청원권을 행사한 후 국가기관이 이를 심사하고 결과통지를 한 것이 자신이 기대한 바에 미치지 못한 경우 이를 이유로 헌법소원을 청구하는 것은 가능할까?

★

국민이 헌법 제26조에 의해 청원권을 행사한 경우 해당 국가기관은 청원에 대해 심사하고 통지할 의무만 부담한다. 따라서 청원의 결과가 청원을 한 국민의 기대에 미치지 못한 경우에도 이를 이유로 헌법소원 심판은 청구할 수 없다.

제27조 재판청구권, 무죄추정의 원칙, 재판절차진술권

① 모든 국민은 헌법과 법률이 정한 법관에 의하여 법률에 의한 재판을 받을 권리를 가진다. [**관련법률 : 법원조직법, 민사소송법, 형사소송법 등**]
② 군인 또는 군무원이 아닌 국민은 대한민국의 영역 안에서는 중대한 군사상 기밀·초병·초소·유독음식물공급·포로·군용물에 관한 죄 중 법률이 정한 경우와 비상계엄이 선포된 경우를 제외하고는 군사법원의 재판을 받지 아니한다.
③ 모든 국민은 신속한 재판을 받을 권리를 가진다. 형사피고인은 상당한 이유가 없는 한 지체없이 공개재판을 받을 권리를 가진다.
④ 형사피고인은 유죄의 판결이 확정될 때까지는 무죄로 추정된다.
⑤ 형사피해자는 법률이 정하는 바에 의하여 당해 사건의 재판절차에서 진술할 수 있다. [**관련법률 : 형사소송법**]

1. 조문의 의미

(1) 제27조 제1항

모든 국민은 헌법과 법률이 정한 법관에 의하여 재판을 받을 권리를 가진다. 이때 '헌법과 법률이 정한 법관'이란 대법관과 대법관을 제외한 법관을 말한다. 법률이 정한 법관에 대한 구체적인 내용은 「법원조직법」에서 규정하고 있다.

모든 국민은 법률에 의한 재판을 받을 권리를 가진다. 이때 '법률에 의한 재판'은 「헌법재판소법」, 「민사소송법」, 「형사소송법」 등에 의한 재판을 말한다. 헌법재판의 구체적 내용은 「헌법재판소법」의 규정을 참고하기 바란다. 그리고 형사소송이나 민사소송에 관한 구체적인 내용은 「형사소송법」과 「민사소송법」을 참고하기 바란다.

(2) 제27조 제2항

'군사법원'이란 군대 내에서 군인이 일으킨 사건에 대하여 재판하는 특별법원을 말한다. 군사법원은 군인이라는 특수한 신분을 고려하여 설치한 법원이다. 군인 또는 군무원이 아닌 국민은 헌법 제27조 제2항에서 정한 사유에 해당하는 경우에만 군사법원의 재판을 받는다. 그렇지 않으면 국민의 공정한 재판을 받을 권리가 침해되기 때문이다.

헌법은 군인 또는 군무원이 아닌 자는 법률에서 정한 경우와 비상계엄의 경우를 제외하고는 군사법원의 재판을 받지 않음을 천명하고 있다.

(3) 제27조 제3항

재판이 지연되거나 비공개로 행해지는 경우에는 국민의 기본권은 침해될 가능성이 높다. 이를 방지하기 위하여 헌법 제27조 제3항은 국민의 '신속한 재판을 받을 권리'와 '형사피고인의 공개재판을 받을 권리'를 천명하고 있다.

(4) 제27조 제4항

'형사피고인'이란 형사범죄로 검사로부터 기소(공소제기)가 된 자를 말한다. 형사피고인은 유죄의 판결이 확정될 때까지는 무죄로 추정된다. 이를 '무죄추정의 원칙'이라고 한다.

'추정'이란 확률적으로 그럴 가능성이 높아 입증책임을 그러하지 않다고 주장하는 자에게 전환시키는 것을 말한다. 형사범죄로 기소(공소제기)가 된 경우에도 그 피고인은 유죄판결이 확정될 때까지는 무죄로 추정되므로, 유죄에 대한 증명은 기소권을 행사한 검찰에서 하라는 뜻이다.

(5) 제27조 제5항

형사피해자는 형사소송법에서 정하는 바에 따라 당해 사건의 재판절차에서 진술할 수 있다. 형사피고인의 무죄추정의 원칙에 대응하여, 형사피해자가 재판절차에서 진술권을 보장받음으로써 형사피고인과 형사피해자의 무기대등의 원칙을 지키기 위한 것이다.

2. 생각해보기

01 행정기관인 청소년보호위원회 및 각 심의기관에 청소년 유해 매체물의 결정 권한을 부여하고 있는 것은 국민의 법관에 의한 재판을 받을 권리를 침해하는 것일까?

★

행정기관인 청소년보호위원회 및 각 심의기관에 청소년 유해 매체물의 결정 권한을 부여하고 있는 것은 합리적인 이유가 있는 것으로서 헌법 제27조 제1항의 국민의 법관에 의한 재판을 받을 권리를 침해하지 아니한다.

02 변호사와 접견하는 경우에도 수용자의 접견을 원칙적으로 접촉차단시설이 설치된 장소에서 하도록 규정한 것은 수용자의 헌법상 재판청구권을 침해하는 것일까?

★

일반인이 아닌 변호사와 접견하는 경우에도 수용자의 접견을 원칙적으로 접촉차단시설이 설치된 장소에서 하도록 규정한 것은 수용자의 공정한 재판을 받을 권리를 침해한 것으로 헌법에 위배된다.

03 상속재산분할에 관한 사건을 가사소송사건으로 분류하고 있는 「가사소송법」 조항은 상속인의 공정한 재판을 받을 권리를 침해하는 것일까?

★

상속재산분할에 관한 사건을 가사소송사건으로 분류하고 있는 구 「가사소송법」 조항은 상속의 특수성에 의한 것으로 상속인의 공정한 재판을 받을 권리를 침해한 것이 아니다.

04 군사시설 중 전투용에 공하는 시설을 손괴한 군인 또는 군무원이 아닌 국민이 항상 군사법원에서 재판받도록 하는 법률규정은 국민의 군사법원의 재판을 받지 아니할 권리를 침해하는 것일까?

★

군사시설 중 전투용에 공하는 시설을 손괴한 군인 또는 군무원이 아닌 국민이 항상 군사법원에서 재판받도록 하는 법률규정은 국민의 군사법원의 재판을 받지 아니할 권리를 침해하는 것이다.

05 「도로교통법」상 주취운전을 이유로 한 운전면허취소처분에 대하여 행정심판의 재결을 거치지 않으면 행정소송을 제기할 수 없도록 한 것은 국민의 재판청구권을 침해하는 것일까?

★

헌법 제107조 제3항은 재판의 전심절차로 행정심판을 할 수 있다고 규정하고 있다. 이때 행정심판을 필요적 전치로 할 것인지, 임의적 전치로 할 것인지는 국회에 광범위한 입법재량이 허용된다. 「도로교통법」상 주취운전을 이유로 한 운전면허취소처분에 대하여 행정심판의 재결을 거치지 않으면 행정소송을 제기할 수 없도록 한 것은 국회가 입법재량의 범위를 일탈한 것으로 볼 수 없어 국민의 재판청구권을 침해하지 아니한다.

06 형사소송절차에서 국민참여재판을 받을 권리는 헌법 제27조 제1항에서 규정한 재판을 받을 권리에 포함되는 것일까?

★

형사소송절차에서 국민참여재판을 받을 권리는 「국민참여재판에 관한 법률」에 의해 주어지는 법률상 권리이다. 따라서 국민참여재판을 받을 권리는 헌법 제27조 제1항에서 규정한 재판을 받을 권리에 포함되지 아니한다.

제28조 형사보상청구권

형사피의자 또는 형사피고인으로서 구금되었던 자가 법률이 정하는 불기소처분을 받거나 무죄판결을 받은 때에는 법률이 정하는 바에 의하여 국가에 정당한 보상을 청구할 수 있다. [**관련법률 : 형사소송법, 형사보상 및 명예회복에 관한 법률**]

1. 조문의 의미

'형사피의자'는 형사범죄 혐의가 있어 수사대상이 된 자로서 공소가 제기되지 않은 자를 말한다. '형사피고인'은 범죄혐의가 어느 정도 소명되어 검사가 공소를 제기한 자를 말한다. 간략히 설명하면 수사대상이 된 자로서 기소 전의 단계에 있는 자를 형사피의자, 기소가 된 자를 형사피고인이라고 한다.

'불기소처분'이란 검사가 기소를 하지 않은 행정행위로서 형사보상청구권의 대상이 되는 불기소처분에는 죄가 안됨, 혐의 없음 등 협의의 불기소처분을 말하며, 기소중지, 기소유예에 대해서는 형사보상을 청구할 수 없다.

헌법 제28조는 수사기관의 무리한 기소 시도에도 불구하고 불기소처분을 받거나, 기소가 되었으나 법원으로부터 무죄판결을 받은 경우에는 그 억울함을 풀 수 있도록 국가에 정당한 보상을 청구할 수 있도록 한 규정이다. 이를 위해 「형사소송법」, 「형사보상 및 명예회복에 관한 법률」 등이 제정되어 있다.

2. 생각해보기

01 형사보상청구권의 주체는 형사피의자와 형사피고인이 되는데, 외국인도 형사보상청구권의 주체가 될 수 있을까?

★

헌법 제28조의 형사보상청구권의 주체는 형사피의자와 형사피고인이 되는데, 외국인도 헌법 제28조의 요건을 충족한 경우에는 형사보상청구권의 주체가 될 수 있다.

02 형사보상을 청구할 수 있는 자가 그 청구를 하지 않고 사망한 경우에는 그 상속인이 형사보상청구권을 행사하는 것은 가능할까?

★

헌법 제28조의 형사보상청구권은 채권적 권리로서 상속이 가능한 것으로 보아야 한다. 따라서 형사보상을 청구할 수 있는 자가 그 청구를 하지 않고 사망한 경우에는 상속인이 그 형사보상청구권을 행사하는 것은 가능하다고 볼 수 있다.

제29조 국가배상청구권

① 공무원의 직무상 불법행위로 손해를 받은 국민은 법률이 정하는 바에 의하여 국가 또는 공공단체에 정당한 배상을 청구할 수 있다. 이 경우 공무원 자신의 책임은 면제되지 아니한다. [**관련법률 : 국가배상법**]
② 군인·군무원·경찰공무원 기타 법률이 정하는 자가 전투·훈련 등 직무집행과 관련하여 받은 손해에 대하여는 법률이 정하는 보상 외에 국가 또는 공공단체에 공무원의 직무상 불법행위로 인한 배상은 청구할 수 없다. [**관련법률 : 국가배상법**]

1. 조문의 의미

(1) 제29조 제1항

'불법행위'란 고의 또는 과실로 인한 위법행위로 타인에게 손해를 끼치는 행위를 말한다. 공무원의 직무상 불법행위로 손해를 입은 국민은 「국가배상법」에 의하여 국가 또는 공공단체에 정당한 배상을 청구할 수 있다.

이때 공무원은 「국가공무원법」 또는 「지방공무원법」상의 공무원에 한정하지 않고 넓게 해석하여, 공무수탁사인 등 사실상 공무원의 지위에 있는 자를 모두 포함한다.

(2) 제29조 제2항

군인·경찰공무원 등 법률이 정하는 자가 전투·훈련 등 직무집행과 관련하여 받은 손해에 대하여는 법률에 의한 보상만 가능하며, 이와는 별도로 제29조 제1항의 국가에 대해 직무상 불법행위로 인한 국가배상은 청구할 수 없다. 이를 군인 등의 '이중배상청구 금지규정'이라고 한다.

이 조항은 1972년 유신헌법(제7차 개헌)에서 신설한 규정이다. 과연 이 조항이 헌법적으로 타당한지는 의문이다.

2. 생각해보기

01 법관의 재판에 법령의 규정을 따르지 않은 잘못이 있는 경우 이는 공무원의 불법행위로 국가배상청구권이 대상이 되는 것일까?

★

헌법 제28조의 국가배상청구권의 발생원인이 되는 공무원의 불법행위에서 공무원의 범위는 공무원의 신분을 가진 자에 국한되지 않고 공무수탁사인도 포함된다. 다만, 법관은 제외된다. 따라서 법관의 재판에 법령의 규정을 따르지 않은 잘못이 있는 경우 이는 공무원의 불법행위로 인한 국가배상청구권이 대상이 되지 아니한다.

02 국민이 군인 · 공무원 · 경찰공무원 등의 전투 · 훈련 등 직무집행과 관련하여 받은 손해에 대하여 법률에 의한 보상을 받은 경우, 이와는 별도로 국가 또는 공공단체에 직무상 불법행위로 인한 손해배상청구권을 행사하는 것은 가능할까?

★

국민이 군인 · 공무원 · 경찰공무원 등의 전투 · 훈련 등 직무집행과 관련하여 받은 손해에 대하여 법률에 의한 보상을 받은 경우, 이와는 별도로 국가 또는 공공단체에 직무상 불법행위로 인한 손해배상청구권을 행사하는 것은 허용되지 아니한다. 헌법 제29조 제2항의 이중배상 금지규정 때문이다.

제30조 범죄피해자의 구조청구권

타인의 범죄행위로 인하여 생명 · 신체에 대한 피해를 받은 국민은 법률이 정하는 바에 의하여 국가로부터 구조를 받을 수 있다. [**관련법률 : 범죄피해자보호법**]

1. 조문의 의미

국가는 국민의 다양한 희생을 전제로 존재한다. 국민의 희생에 대해 국가는 이를 지켜줄 의무가 있다. 특히 범죄에 대한 예방의무는 더더욱 그러하다. 본 규정은 범죄피해자의 국가에 대한 구조청구권에 관한 것이다.

타인의 범죄행위로 인하여 생명 · 신체에 대한 피해를 입은 국민은 「범죄피해자보호법」에 의하여 국가로부터 구조를 받을 수 있다.

「범죄피해자구조법」은 범죄행위로 사망한 사람의 유족이나, 장해 또는 중상해를 입은 사람만을 그 대상으로 하고 있으며, 구조금을 받기 위한 절차는 범죄피해자 또는 그 유족이 관할 지방검찰청의 범죄피해자구조심의회에 신청을 하여야 한다.

2. 생각해보기

01 타인의 범죄행위로 신체상 경상해를 입은 사람은 「범죄피해자구조법」에 의해 국가로부터 구조를 받을 수 있을까?

★

「범죄피해자구조법」은 범죄행위로 사망한 사람의 유족이나, 장해 또는 중상해를 입은 사람만을 그 대상으로 하고 있다. 따라서 타인의 범죄행위로 신체상 경상해를 입은 사람은 「범죄피해자구조법」에 의해 국가로부터 구조를 받을 수 없다.

02 헌법 제30조의 범죄피해자의 구조청구권은 해외에서 발생한 범죄피해의 경우도 그 적용대상이 되는 것일까?

★

헌법 제30조의 범죄피해자의 구조청구권의 요건이 되는 '타인의 범죄행위'는 대한민국의 영역 안에서 또는 대한민국의 영역 밖에 있는 대한민국의 선박이나 항공기 안에서 사람의 생명·신체를 해치는 모든 행위를 말한다. 따라서 헌법 제30조의 범죄피해자의 구조청구권은 해외에서 발생한 범죄피해의 경우에는 적용되지 아니한다.

제31조 교육권, 의무교육, 교육제도법정주의

① 모든 국민은 능력에 따라 균등하게 교육을 받을 권리를 가진다.
② 모든 국민은 그 보호하는 자녀에게 적어도 초등교육과 법률이 정하는 교육을 받게 할 의무를 진다. [**관련법률 : 교육기본법, 초·중등교육법**]
③ 의무교육은 무상으로 한다. [**관련법률 : 지방교육 차치에 관한 법률**]
④ 교육의 자주성·전문성·정치적 중립성 및 대학의 자율성은 법률이 정하는 바에 의하여 보장된다. [**관련법률 : 교육기본법**]
⑤ 국가는 평생교육을 진흥하여야 한다. [**관련법률 : 평생교육법**]
⑥ 학교교육 및 평생교육을 포함한 교육제도와 그 운영, 교육재정 및 교원의 지위에 관한 기본적인 사항은 법률로 정한다. [**관련법률 : 교육기본법, 초·중등교육법, 고등교육법, 교육공무원법, 평생교육법 등**]

1. 조문의 의미

(1) 제31조 제1항

모든 국민은 능력에 따라 균등하게 교육을 받을 권리를 가진다. 제31조 제1항에서 주목할 글귀는 '능력에 따라'이다. 모든 국민은 균등하게 교육을 받을 권리가 있지만, 능력에 따라 균등한 교육을 받을 권리가 있다는 것이다. 이때 능력은 경제적 능력이 아닌 정신적·신체적 능력을 일컫는다.

교육을 받을 권리는 교육권이라고도 하며, 사회권적 기본권의 일종이다. 인간다운 생존을 확보하기 위하여 국가의 적극적 급부와 배려를 요구할 수 있는 권리를 사회권적 기본권이라고 한다.

(2) 제31조 제2항

모든 국민은 '초등교육'과 '법률이 정하는 교육'을 받게 할 의무가 있다. 헌법상 의무교육조항이다. 헌법은 초등교육은 의무로 정하고 있다. 초등교육을 제외한 나머지를 의무교육으로 하려거든 헌법은 법률로써 정하라고 하고 있다. 나머지 의무교육의 대상과 범위는 「교육기본법」, 「초·중등교육법」 등 법률에서 정하는 바에 따른다.

(3) 제31조 제3항

'초등교육'과 '법률이 정하는 의무교육'은 무상으로 한다. 무상교육에서 무상의 범위에는 수업료나 입학금의 면제, 학교와 교사 등 인적·물적 설비와 그 시설을 유지하기 위한 인건비와 시설유지비 등이 포함된다.

「지방교육자치에 관한 법률」은 의무교육의 무상경비에 대한 지방자치단체의 부담가능성을 예정하고 있다. 따라서 의무교육을 위한 모든 비용을 국가가 부담해야 하는 것은 아니다.

(4) 제31조 제4항

'교육의 자주성'이란 교육의 내용, 방법, 운영 등을 스스로 결정하는 원칙을 말한다. 교육의 자주성은 교육의 전문성과 정치적 중립성은 물론 대학의 자율성 보장이 포함된다. 대학의 자율성은 학문의 자유의 내용으로도 보장된다. 이를 위해 「교육기본법」 등이 제정되어 있다.

(5) 제31조 제5항

'평생교육'이란 학교의 정규 교육과정을 제외한 학력보완교육, 직업능력 향상교육, 인문교양교육, 문화예술교육, 시민참여교육 등을 포함한 모든 형태의 조직적인 교육 활동을 말한다. 현대사회는 변화무쌍하다. 학교 교육만으로는 시시각각 변하는 정치·경제·사회적 환경에 대응할 수 없다. 헌법은 그러한 사회현상에 대응할 수 있도록 국가는 국민에게 다양한 교육기회를 제공하고, 국민은 평생교육을 통해 사회와 더불어 살 수 있는 기회를 제공받을 수 있다는 것을 규정한 것이다.

(6) 제31조 제6항

학교교육 및 평생교육을 포함한 교육제도와 그 운영, 교육재정 및 교원의 지위에 관한 기본적인 사항은 법률로 정한다. 학교교육과 평생교육 등을 위해 제정된 법률은 「교육기본법」, 「초·중등교육법」, 「고등교육법」, 「평생교육법」 등이 있다.

2. 생각해보기

01 만 6세가 되기 전에 앞당겨서 초등학교의 입학을 허용하지 않는 것은 헌법상 국민의 능력에 따른 교육을 받을 권리를 침해하는 것일까?

★

만 6세가 되기 전에 앞당겨서 초등학교의 입학을 허용하지 않는 것은 헌법 제6조 제1항의 능력에 따라 균등하게 교육을 받을 권리를 침해한 것으로 볼 수 없다.

02 원칙적으로 모든 과외 교습행위를 금지하고 이에 위반된 경우 형사처벌하도록 한 규정은 헌법에 합치되는 것일까?

★

원칙적으로 모든 과외 교습행위를 금지하고 이에 위반된 경우 형사처벌하도록 한 규정은 기본권제한의 효과가 중대하고, 그 제한을 얻는 공익적 성과와 제한이 초래하는 효과가 합리적인 비례관계를 현저히 일탈한 것으로 헌법에 위배된다.

03 초·중등학교 교육에 있어서 교사의 수업권과 학생의 수학권이 충돌하는 경우 과연 어떠한 권리가 우선할까?

★

'교사의 수업권'은 헌법상 보장되는 권리가 아니다. 그에 반해 '학생의 수학권'은 헌법에 의해 보장되는 권리이다. 따라서 교사가 수업권을 내세워 학생의 수학권을 침해할 수는 없다. 학생의 수학권이 교사의 수업권에 우선하기 때문이다.

04 학교운영지원비를 학교회계 세입항목에 포함시켜 이를 중학교 학생으로부터 징수하도록 하는 법률조항은 헌법 제31조 제3항의 의무교육의 무상원칙에 위배되는 것일까?

★

학교운영지원비를 학교회계 세입항목에 포함시켜 이를 중학교 학생으로부터 징수하도록 하는 법률조항은 헌법 제31조 제3항의 의무교육 무상원칙에 위배된다.

05 임용기간이 만료한 교수에 대한 재임용거부를 재심청구대상으로 법률에 명시하지 않은 것은 교원지위법정주의에 위반될까?

★

교수도 교원의 일종이다. 따라서 교원지위법정주의의 적용대상이다. 임용기간이 만료한 교수에 대한 재임용거부를 재심청구대상으로 법률에 명시하지 않은 것은 교원지위법정주의에 위배된다.

제32조 근로의 권리, 근로의 의무, 여성과 연소자 근로의 보호

① 모든 국민은 근로의 권리를 가진다. 국가는 사회적·경제적 방법으로 근로자의 고용의 증진과 적정임금의 보장에 노력하여야 하며, 법률이 정하는 바에 의하여 최저임금제를 시행하여야 한다. [**관련법률 : 고용정책기본법, 직업안정법, 최저임금법, 근로자 직업능력 개발법 등**]
② 모든 국민은 근로의 의무를 진다. 국가는 근로의 의무의 내용과 조건을 민주주의원칙에 따라 법률로 정한다. [**관련법률 : 근로기준법 등**]
③ 근로조건의 기준은 인간의 존엄성을 보장하도록 법률로 정한다. [**관련법률 : 최저임금법**]
④ 여자의 근로는 특별한 보호를 받으며, 고용·임금 및 근로조건에 있어서 부당한 차별을 받지 아니한다. [**관련법률 : 남녀고용평등과 일·가정 양립지원에 관한 법률**]
⑤ 연소자의 근로는 특별한 보호를 받는다. [**관련법률 : 근로기준법**]
⑥ 국가유공자·상이군경 및 전몰군경의 유가족은 법률이 정하는 바에 의하여 우선적으로 근로의 기회를 부여받는다. [**관련법률 : 상훈법 등**]

1. 조문의 의미

(1) 제32조 제1항

'근로'란 소득을 대가로 이루어지는 정신적·육체적 활동을 말한다. 헌법 제32조는 근로기본권에 관한 규정으로, 근로의 권리는 '일할 자리에 대한 권리'만이 아니라 '일할 환경에 대한 권리'도 포함한다. 근로의 권리는 국민의 권리이지만, 외국인도 그 주체성을 전면적으로 부인할 수는 없다.

'최저임금제'란 국가가 임금의 최저 수준을 정하고, 사용자에게 이 수준 이상의 임금을 지급하도록 강제함으로써 저임금 근로자를 보호하는 제도를 말한다. 최소한 인간다운 생활을 할 수 있어야 하기 때문에 헌법은 「최저임금법」 등 법률에 의하여 최저임금제를 시행하도록 하고 있다.

(2) 제32조 제2항

모든 국민이 근로의 의무를 부담해야 하는지는 의문이다. 우리는 일하지 않을

자유도 있기 때문이다. 헌법 제32조 제2항은 근로의 권리에 대한 보충적 성격을 지닌 규정으로 보아야 한다.

국가는 근로의 의무의 내용과 조건을 민주주의 원칙에 따라 법률로 정하여야 하는데, 이를 위해 「근로기준법」 등이 제정되어 있다.

(3) 제32조 제3항

근로조건의 기준은 인간의 존엄성을 보장하도록 법률로 정한다. 근로조건의 기준이 인간의 존엄성을 지키기 위한 최소한의 기준에도 미치지 못한다면 우리 사회는 존재하기 힘들 것이다. 그런 이유에서 「근로기준법」에서는 근로조건의 기준에 관한 규정을 두고 있다.

(4) 제32조 제4항

헌법은 남성과 여성, 즉 양성평등을 기초로 하고 있다. 그럼에도 불구하고 여성의 사회적 지위는 남성에 비해 상대적으로 약하고, 특히 여성의 근로기회 등은 남성에 비해 열악한 것이 현실이다. 그런 이유에서 헌법은 여성의 근로는 특별한 보호를 받는다고 하고 있으며, 남성과 차별을 두지 말라 하고 있다.

(5) 제32조 제5항

'연소자'는 아직 정신적 · 육체적 능력이 성년에 미치지 못한다. 따라서 연소자는 부당한 근로조건이나 환경에 노출될 가능성이 높다. 헌법은 이를 방지하기 위하여 연소자의 근로는 특별한 보호를 받도록 하고 있다.

(6) 제32조 제6항

국가유공자 · 상이군경 및 전몰군경의 유가족은 법률이 정하는 바에 의하여 우선적으로 근로의 기회를 부여받는다. 이 조항은 국가와 민족을 위해 헌신한 분들의 유가족에 대해 근로의 기회를 제공함에 있어 국가가 최소한의 보상을 하라는 뜻이다.

2. 생각해보기

01 헌법 제31조 제1항의 근로의 권리는 국가에 대하여 직접 일자리를 청구하거나 일자리에 갈음하는 생계비의 지급을 청구할 수 있는 권리일까?

★

헌법 제32조 제1항의 근로의 권리는 사회적 기본권으로서 국가에 대하여 직접 일자리를 청구하거나 일자리에 갈음하는 생계비의 지급을 청구할 수 있는 권리가 아니다. 헌법상 근로의 권리는 국가에 대해 고용증진을 위한 사회적 · 경제적 정책을 요구할 수 있는 권리에 그치는 것이다.

02 월급근로자로서 6개월이 되지 못한 자를 합리적 이유 없이 해고예고제도의 적용 예외사유로 규정한 「근로기준법」 조항은 헌법에 합치하는 것일까?

★

월급근로자로서 6개월이 되지 못한 자를 합리적 이유 없이 해고예고제도의 적용 예외사유로 규정한 「근로기준법」 조항은 월급근로자의 헌법상 근로의 권리를 침해한 것이고, 평등원칙에도 위배된다.

03 국가는 근로관계의 존속보장을 위하여 최소한의 보호의무가 있는 것일까? 최대한의 보장의무가 있는 것일까?

★

국가는 헌법 제32조의 근로의 권리와 사회국가의 원리 등에 근거하여 실업방지 및 부당한 해고로부터 근로자를 보호할 의무가 부여되는데, 이때 국가는 근로관계의 존속보호를 위하여 '최소한의 보호'를 제공할 의무를 진다.

제33조 근로3권

① 근로자는 근로조건의 향상을 위하여 자주적인 단결권·단체교섭권 및 단체행동권을 가진다.
② 공무원인 근로자는 법률이 정하는 자에 한하여 단결권·단체교섭권 및 단체행동권을 가진다. [**관련법률 : 노동조합 설립 및 운영에 관한 법률**]
③ 법률이 정하는 주요방위산업체에 종사하는 근로자의 단체행동권은 법률이 정하는 바에 의하여 이를 제한하거나 인정하지 아니할 수 있다. [**관련법률 : 노동조합 및 노동관계 조정법, 방위사업법**]

1. 조문의 의미

(1) 제33조 제1항

'단결권'이란 근로자가 단체를 구성할 수 있는 권리로서, 일반적으로 노동조합을 만들 수 있는 권리를 말한다. '단체교섭권'이란 근로자가 결성한 단체인 노동조합이 사용자와 자주적으로 근로조건 등에 관하여 교섭을 할 수 있는 권리를 말한다. '단체행동권'이란 근로자들의 주장 또는 권리를 관철하기 위하여 파업, 태업 등 쟁의행위의 수단을 통하여 사용자의 정상적인 경영을 저해할 수 있는 권리를 말한다.

단결권, 단체교섭권, 단체행동권을 근로 3권이라고 한다. 근로자는 근로조건의 향상을 위하여 근로3권을 가진다.

(2) 제33조 제2항

공무원인 근로자도 근로 3권을 향유할 수 있을까? 결론적으로는 그렇다. 다만, 법률이 정하는 자에 한해서만 근로 3권을 누릴 수 있다. 이를 위해 「노동조합 설립 및 운영에 관한 법률」이 제정되어 있으며, 해당 법률은 노동조합에 가입할 수 있는 공무원의 범위를 제한하고 있고, 일체의 쟁의행위는 금지하고 있다.

(3) 제33조 제3항

법률이 정하는 주요방위산업체에 종사하는 근로자의 '단체행동권'은 법률이 정하는 바에 의하여 이를 제한하거나 인정하지 아니할 수 있다. 근로3권 중 단체행동권만이 제한되는 점에 주목할 필요가 있다.

「노동조합 및 노동관계 조정법」은 「방위사업법」에 의하여 지정된 주요 방위산업체에 종사하는 근로자 중 전력, 용수 및 주로 방산물자를 생산하는 업무에 종사하는 자는 쟁의행위를 할 수 없도록 하고 있다.

2. 생각해보기

01 출입국관리법령에 따라 취업활동을 할 수 있는 체류자격을 받지 아니한 외국인 근로자도 「노동조합법」상 근로자성이 인정된다면 노동조합을 설립하거나 노동조합에 가입할 수 있을까?

★

출입국관리법령에 따라 취업활동을 할 수 있는 체류자격을 받지 아니한 외국인 근로자도 「노동조합법」상 근로자성이 인정된다면 노동조합을 설립하거나 노동조합에 가입할 수 있다.

02 근로자 개인의 단결하지 않을 자유인 소극적 단결권과 노동조합에 가입할 적극적 단결권이 충돌하는 경우 어느 단결권이 우선할까?

★

근로자 개인의 단결하지 않을 자유인 '소극적 단결권'과 노동조합에 가입할 '적극적 단결권'이 충돌하는 경우 노동조합에 가입할 적극적 단결권이 우선한다.

03 공무원도 넓은 의미에서는 근로자로 볼 수 있을 것인데, 왜 공무원의 근로3권은 법률이 정하는 자에 한해서만 인정되는 것일까?

★

헌법 제33조 제2항은 공무원의 근로자성을 인정하고 있다. 다만, 공무원은 국민과 국가이익을 실현하기 위한 공무에 종사하는 자라는 점에서 일반적인 근로자와는 다르게 볼 수 있으므로, 법률이 정하는 자에 한하여 근로3권을 인정하고 있다.

04 근로조건의 유지와 개선 외에 경영권, 인사권, 이윤분배 등의 권리도 단체교섭권의 대상이 되는 것일까?

★

'단체교섭권'이란 근로자가 결성한 단체인 노동조합이 사용자와 자주적으로 근로조건 등에 관하여 교섭을 할 수 있는 권리를 말한다. 단체교섭권의 대상이 되는 것은 원칙적으로 근로조건 등에 한정된다. 따라서 경영권, 인사권, 이윤분배 등의 권리는 단체교섭권의 대상이 되지 않는 것이 원칙이다.

제34조 인간다운 생활을 할 권리, 장애인 등의 보호

① 모든 국민은 인간다운 생활을 할 권리를 가진다.
② 국가는 사회보장·사회복지의 증진에 노력할 의무를 진다.
③ 국가는 여자의 복지와 권익의 향상을 위하여 노력하여야 한다. [**관련법률 : 양성평등기본법, 여성기업지원에 관한 법률 등**]
④ 국가는 노인과 청소년의 복지향상을 위한 정책을 실시할 의무를 진다. [**관련법률 : 노인복지법, 청소년기본법, 청소년보호법, 청소년복지지원법, 아동·청소년의 성보호에 관한 법률**]
⑤ 신체장애자 및 질병·노령 기타의 사유로 생활능력이 없는 국민은 법률이 정하는 바에 의하여 국가의 보호를 받는다. [**관련법률 : 장애인복지법, 장애인고용촉진 및 직업재활법, 장애인 등에 대한 특수교육법 등**]
⑥ 국가는 재해를 예방하고 그 위험으로부터 국민을 보호하기 위하여 노력하여야 한다. [**관련법률 : 재난 및 안전관리 기본법, 재해구조법 등**]

1. 조문의 의미

(1) 제34조 제1항

'인간다운 생활을 할 권리'는 사회권적 기본권의 일종으로서 국민이 국가에 대해 인간의 존엄에 상응하는 최소한의 물질적 생활의 유지에 필요한 급부를 요구할 수 있는 권리를 말한다. 헌법 제34조 제1항이 보장하는 인간다운 생활을 할 권리는 국가가 재정형편 등 여러 가지 상황들을 종합적으로 감안하여 법률을 통하여 구체화할 때에 비로소 인정되는 법률상 권리이다. 이를 기본권의 '구체화적 법률유보'라고 한다. 국민의 인간다운 생활을 할 권리에 대한 국가의 보장은 '최소보장의 원칙'을 기준으로 한다.

(2) 제34조 제2항

국가는 사회보장·사회복지의 증진에 노력할 의무를 진다. 국민은 이에 의하여 국가에 사회보장수급권을 가진다. '사회보장수급권'은 사회적 위험으로 말미암아

보호가 필요한 경우에 개인이 국가에 일정한 내용의 적극적 급부를 요구할 수 있는 권리이다.

(3) 제34조 제3항

국가는 여자의 복지와 권익의 향상을 위하여 노력하여야 한다. 너무도 당연한 글귀이다. 그러나 실천되지 않으면 공허한 메아리일 뿐이다. 이 조항을 구체화하기 위해 「양성평등법」, 「여성기업지원에 관한 법률」 등이 제정되어 있다.

(4) 제34조 제4항

국가는 노인과 청소년의 복지향상을 위한 정책을 실시할 의무를 진다. 너무도 당연하다. 이 조항의 실현을 위해 「노인복지법」, 「청소년기본법」, 「청소년보호법」, 「청소년복지지원법」, 「아동·청소년의 성보호에 관한 법률」 등이 제정되어 있다.

(5) 제34조 제5항

신체장애자 및 질병·노령 기타의 사유로 생활능력이 없는 국민은 법률이 정하는 바에 의하여 국가의 보호를 받는다. 이 조항의 실현을 위해 「장애인복지법」, 「장애인고용촉진 및 직업재활법」, 「장애인 등에 대한 특수교육법」 등이 제정되어 있다.

(6) 제34조 제6항

국가는 재해를 예방하고 그 위험으로부터 국민을 보호하기 위하여 노력하여야 한다. 이 조항의 실현을 위해 「재난 및 안전관리 기본법」, 「재해구조법」 등이 제정되어 있다.

2. 생각해보기

01 보건복지부장관이 최저생계비를 고시함에 있어서 장애로 인한 추가지출비용을 반영한 별도의 최저생계비를 결정하지 않고 가구별 인원수만을 기준으로 최저생계비를 고시한 것은 헌법상 장애인 가구의 인간다운 생활을 할 권리를 침해하는 것일까?

★

보건복지부장관이 최저생계비를 고시함에 있어서 장애로 인한 추가지출비용을 반영한 별도의 최저생계비를 결정하지 않고 '가구별 인원수만을 기준으로 최저생계비를 고시한 것'은 합리적인 이유가 있는 것으로 장애인의 인간다운 생활을 할 권리를 침해하지 아니한다.

02 국민의 사회보장수급권은 법률에 의해 형성되는데, 국회는 법률을 제정함에 있어서 광범위한 입법형성의 자유를 가질까? 제한된 범위 내에서 입법형성의 자유를 가질까?

★

국민의 '사회보장수급권'은 법률에 의해 형성되는데, 국회는 법률을 제정함에 있어서 국가의 재정능력, 수혜대상자의 범위의 확정 등이 고려되어야 하는 것으로 국회는 사회보장수급권에 관한 법률을 제정함에 있어서 '광범위한 입법형성의 자유'를 가진다.

03 「공무원연금법」에서 다른 법령에 따라 국가나 지방자치단체의 부담으로 「공무원연금법」에 따른 급여와 같은 종류의 급여를 받는 자에게는 급여에 상당하는 금액을 공제하고 지급하는 것은 헌법에 합치되는 것일까?

★

「공무원연금법」에서 다른 법령에 따라 국가나 지방자치단체의 부담으로 「공무원연금법」에 따른 급여와 같은 종류의 급여를 받는 자에게는 급여에 상당하는 금액을 공제하고 지급하는 것은 공무원연금이 사회권적 기본권의 성격을 가지는 점에서 헌법에 합치된다.

04 국민연금의 급여수준을 결정함에 있어서 납입한 연금보험료를 기준으로 결정해야 하는 것일까? 아니면 수급권자의 최저생활을 유지하는 데 필요한 금액을 기준으로 결정해야 하는 것일까?

★

'국민연금의 급여수준'을 결정함에 있어서 납입한 연금보험료를 기준으로 할 것이 아니라 수급권자의 최저생활을 유지하는 데 필요한 금액을 기준으로 하여야 한다.

05 헌법 제34조 제5항의 규정으로부터 국가는 장애인을 위한 저상버스를 의무적으로 도입해야 하는 것일까?

★

헌법 제34조 제5항의 규정으로부터 국가는 '장애인을 위한 저상버스'를 의무적으로 도입해야 하는 것은 아니라고 보아야 한다.

제35조 환경권

① 모든 국민은 건강하고 쾌적한 환경에서 생활할 권리를 가지며, 국가와 국민은 환경보전을 위하여 노력하여야 한다.
② 환경권의 내용과 행사에 관하여는 법률로 정한다. [**관련법률 : 환경정책기본법, 환경분쟁조정법, 환경영향평가법 등**]
③ 국가는 주택개발정책등을 통하여 모든 국민이 쾌적한 주거생활을 할 수 있도록 노력하여야 한다.

1. 조문의 의미

(1) 제35조 제1항

'환경'이란 인간에게 직접·간접적으로 영향을 주는 자연적 조건이나 사회적 상황 또는 인간이 생활하는 주위의 상태를 말한다. 모든 국민은 건강하고 쾌적한 환경에서 생활할 권리를 가진다. 이를 환경권이라고 한다. 국가와 국민은 환경보전을 위하여 노력하여야 한다. 이를 '환경보전의무'라고 한다.

환경권의 주체는 국민이다. 그에 반해 환경보전의무의 주체는 국민과 국가이다.

(2) 제35조 제2항

환경권의 내용과 행사에 관하여는 법률로 정한다. 이를 위해 「환경정책기본법」, 「환경분쟁조정법」, 「환경영향평가법」 등이 제정되어 있다.

(3) 제35조 제3항

국가는 주택개발정책 등을 통하여 모든 국민이 쾌적한 주거생활을 할 수 있도록 노력하여야 한다. 이 조항은 우리나라의 특수한 경우를 고려한 규정으로 볼 수 있다. 주택개발정책이 무분별하게 이루어지는 경우에는 국민의 환경권의 침해가 상당할 소지가 있으므로, 그러한 정책을 함에 있어서는 국가가 국민의 환경권을 고려하라는 뜻이다.

2. 생각해보기

01 헌법상 국민의 환경권은 그 자체로서 종합적 기본권의 성격을 지니는데, 환경권의 보호대상이 되는 환경에는 사회환경만 포함되는 것일까? 아니면 인공적 환경과 같은 생활환경도 모두 포함되는 것일까?

★

헌법상 '국민의 환경권'은 그 자체로서 종합적 기본권의 성격을 지닌다. 헌법상 환경권의 보호대상이 되는 환경에는 사회환경은 물론 인공적 환경과 같은 생활환경도 모두 포함된다.

02 국가가 공유수면매립처분 등의 행정행위를 하는 경우 그러한 처분 등에 대하여 행정소송을 제기하는 경우 환경영향평가 대상지역 밖의 주민은 원칙적으로 「행정소송법」상 항고소송의 원고적격이 인정되는 것일까?

★

국가가 공유수면매립처분 등의 행정행위를 하는 경우 그러한 처분 등에 대하여 행정소송을 제기하는 경우 「행정소송법」상 항고소송의 원고적격을 가지는 자는 원칙적으로 환경영향평가지역 내에 있는 주민에 한정된다. 물론 예외가 없는 것은 아니다.

제36조 혼인과 가족생활에 대한 권리

① 혼인과 가족생활은 개인의 존엄과 양성의 평등을 기초로 성립되고 유지되어야 하며, 국가는 이를 보장한다.
② 국가는 모성의 보호를 위하여 노력하여야 한다. [**관련법률 : 모자보건법 등**]
③ 모든 국민은 보건에 관하여 국가의 보호를 받는다.

1. 조문의 의미

(1) 제36조 제1항

'혼인'이란 양성이 평등하고 존엄한 개인으로서 자유로운 의사의 합치에 의하여 생활공동체를 이루는 것을 말한다. 일반적으로 혼인에 의해 가족이라는 생활공동체가 만들어진다.

헌법 제36조 제1항이 인정하는 혼인은 '법률혼'만이 대상이 되며, '사실혼'은 그 대상이 되지 아니한다. 또한 양성의 평등을 기초로 하지 않는 종래의 가부장적 혼인제도는 헌법상 보호되지 않는다.

(2) 제36조 제2항

'모성'이란 자녀를 가진 여성을 말한다. 자녀를 가진 여성, 즉 모성은 국가에 대하여 모성의 건강 및 출산과 양육에 관한 여건을 조성해 줄 것을 요구할 수 있는 권리를 가진다. 모성에 대한 보호는 건강에 대한 보호는 물론 사회적 · 경제적으로 보호하는 것까지 포함한다.

(3) 제36조 제3항

'보건'이란 국민의 건강을 보전하고 증진시키는 활동을 말한다. 모든 국민은 보건에 관하여 국가의 보호를 받는다. 그에 따라 국민이 국가에 대해 보건에 대해 요구할 수 있는 권리를 보건에 관한 권리라고 한다. '보건에 관한 권리'는 국민이 자신의 건강을 유지하는 데 필요한 국가적 급부와 배려를 요구할 수 있는 권리를 말한다.

2. 생각해보기

01 독신자의 친양자 입양을 제한하는 것은 헌법상 독신자의 가족생활에 대한 권리를 침해하는 것일까?

★

'독신자의 친양자 입양을 제한하는 것'은 합리적인 이유가 있고 과잉금지의 원칙에 위배되지 않는 것으로, 독신자의 가족생활의 자유를 침해한다고 볼 수 없다.

02 단기복무군인 중 여성에게만 유아휴직을 허용하는 것은 헌법이 보장하고 있는 양성평등의 원칙에 위배되는 것일까?

★

'육아휴직신청권'은 헌법상 권리가 아닌 법률상 권리이다. 따라서 육아휴직에 대한 권리에 대해서는 국회의 광범위한 입법재량이 인정되므로, 단기복무군인 중 여성에게만 유아휴직을 허용하는 것은 헌법이 보장하고 있는 양성평등의 원칙에 위배되지 아니한다.

03 세대별로 합산하여 종합부동산세를 부담하도록 한 법률조항은 헌법상 혼인과 가족생활에 대한 권리 또는 혼인한 자와 혼인하지 않은 자의 평등권을 침해하는 것일까?

★

'세대별로 합산하여 종합부동산세를 부담하도록 한 구 「종합부동산세법」의 법률조항'은 헌법상 혼인과 가족생활에 대한 권리 또는 혼인한 자와 혼인하지 않은 자의 평등권을 침해한 것으로 헌법에 위배된다.

제37조 자유와 권리의 범위, 제한

① 국민의 자유와 권리는 헌법에 열거되지 아니한 이유로 경시되지 아니한다.
② 국민의 모든 자유와 권리는 국가안전보장·질서유지 또는 공공복리를 위하여 필요한 경우에 한하여 법률로써 제한할 수 있으며, 제한하는 경우에도 자유와 권리의 본질적인 내용을 침해할 수 없다.

1. 조문의 의미

(1) 제37조 제1항

헌법은 국민의 권리, 즉 기본권에 대해 상세한 규정을 두고 있다. 그럼에도 불구하고 헌법 제37조 제1항을 둔 이유는 무엇일까? 헌법상 열거되지 않은 기본권도 경시되지 않고 보장되어야 하기 때문이다.

헌법 제37조 제1항 때문에 기본권에 관한 헌법의 규정은 열거주의가 아닌 '포괄주의적 성격'을 가지게 된다. 열거되지 않은 것 중 기본권으로 인정되는 것은 생명권, 인격권, 자기결정권 등 헤아릴 수 없다. 열거되어 있지 않더라도 헌법상 기본권의 가치를 가진 것이라면 모두 보장하겠다는 뜻이다.

(2) 제37조 제2항

국민의 자유와 권리는 무한보장되어야 하는 것일까? 답은 그렇지 않다. 헌법 제37조 제2항 때문이다. 국민의 모든 자유와 권리는 국가안전보장·질서유지 또는 공공복리를 위하여 제한할 수 있다. 이를 헌법에 의한 유보, 즉 일반적 유보조항이라고 한다.

그렇다면 국민의 자유와 권리를 어떻게 제한할 것인가? 법률로써 제한할 수 있다. 이를 기본권 제한의 법률유보라고 한다. 그렇다면 법률로서 무한정 제한할 수 있을 것인가? 그렇지 않다. 기본권을 제한하는 경우에도 자유와 권리의 본질적 내용은 침해할 수 없다.

기본권의 제한은 ① 국가안전보장·질서유지 또는 공공복리를 위하여 필요한 경우에 한하여 제한할 수 있다. ② 필요한 경우에도 법률로써만 제한할 수 있다. ③ 법률로써 제한하는 경우에도 국민의 자유와 권리의 본질적 내용은 침해할 수 없다. 이를 순서대로 따라가면 '과잉금지의 원칙', '법률유보의 원칙', '본질적 내용의 침해금지'라고 한다.

헌법 제37조 제2항의 조문은 헌법의 조문 중 가장 중요한 것 중 하나이므로, 반드시 음미하여야 할 것이다.

2. 생각해보기

01 헌법에서 열거하지 않은 생명권, 인격권, 자기결정권 등도 헌법상 국민의 기본권으로 보호되어야 할까? 보호되어야 한다면 그 근거는 무엇인가?

★

헌법에서 열거하지 않은 생명권, 인격권, 자기결정권 등도 헌법상 국민의 기본권으로 보호되어야 한다. 그 이유는 헌법 제37조 제1항에서 "모든 국민의 자유와 권리는 헌법에 열거되지 아니한 이유로 경시되지 아니한다."고 규정하고 있기 때문이다. 물론 국민의 모든 권리가 헌법상 기본권으로 인정되어야 하는 것은 아니라는 제약조건도 있다.

02 헌법 제37조 제2항의 기본권 제한에 관한 법률유보의 원칙에서 법률에 의한 기본권의 제한은 법률의 형식이 아닌 위임의 구체성과 명확성을 구비한 위임입법에 의해서도 가능한 것일까?

★

국민의 자유와 권리에 대한 제한은 '국회에서 제정한 법률'에 의해서만 하는 것은 현실적으로 불가능하다. 따라서 헌법 제37조 제2항의 기본권 제한에 관한 법률유보의 원칙에서 법률에 의한 기본권의 제한은 법률의 형식이 아닌 위임의 구체성과 명확성을 구비한 '위임입법'에 의해서도 가능한 것으로 해석해야 한다.

03 18세 미만자의 당구장 출입금지는 당구장 영업자의 직업수행과 18세 미만자의 일반적 행동자유를 제한하는 것일까?

★

'18세 미만자의 당구장 출입금지'는 당구장 영업자의 직업수행과 18세 미만자의 일반적 행동자유를 제한하는 것으로 헌법에 위배된다.

제2장

국민의 의무

제38조 납세의무

모든 국민은 법률이 정하는 바에 의하여 납세의 의무를 진다. [**관련법률 : 국세기본법, 국세징수법, 법인세법, 소득세법, 부가가치세법, 지방세법 등**]

1. 조문의 의미

사람이 살면서 피할 수 없는 두 가지가 있다고 한다. 바로 '세금'과 '죽음'이다. 세금은 국민의 소비할 수 있는 소득, 즉 가처분소득을 줄인다. 국민에게는 커다란 부담이다. 그러나 국가는 운영할 돈이 없다면 원만히 굴러갈 수 없다. 국가의 존속 및 유지를 위해 세금은 필수적이다. 국가도 예산이 있어야 운영될 것이며, 예산의 세입 중 가장 큰 비중을 차지하는 부분이 조세(세금)이기 때문이다.

헌법 제38조는 모든 국민의 납세의무를 규정하고 있다. 국민에게 부담이 되는 세금을 정할 때 아무렇게나 하면 안 된다. 법률로써 하라는 것이다. 이를 천명하고 있는 조항이 헌법 제38조와 제59조이다. 그에 따라 「국세기본법」, 「국세징수법」, 「법인세법」, 「소득세법」, 「부가가치세법」, 「지방세법」 등 수많은 세법이 제정되어 있다.

국민에게 납세의무를 부담시키기 위해서는 원칙이 있어야 한다. 이를 조세법의 기본원칙이라고 하며, '조세법률주의'와 '조세평등(공평)주의'가 그것이다.

2. 생각해보기

01 헌법 제38조와 제59조에 의해 부과되는 조세(세금)는 국민의 재산권을 침해하는 것일까?

★

헌법 제38조와 제59조에 의해 부과되는 조세는 국민의 재산권을 침해하는 것이 아니다. 다만, 조세의 부과·징수에 있어서 합법성의 원칙을 위배하고 부과권이나 징수권의 남용 등이 있는 경우에는 국민의 재산권 침해의 문제가 발생할 수 있다.

02 국가의 조세부과로 인해 국민의 사유재산에 관한 사용·수익·처분권이 중대한 제한을 받게 되는 경우에는 국민에 대한 재산권 침해가 될 수 있을까?

★

국가의 조세부과로 인해 국민의 사유재산에 관한 사용·수익·처분권이 중대한 제한을 받게 되는 경우에는 국민에 대한 재산권의 침해문제가 발생할 수 있다.

제39조 국방의무

① 모든 국민은 법률이 정하는 바에 의하여 국방의 의무를 진다. [**관련법률 : 병역법, 향토예비군설치법, 민방위기본법 등**]
② 누구든지 병역의무의 이행으로 인하여 불이익한 처우를 받지 아니한다.

1. 조문의 의미

(1) 제39조 제1항

'국방'이란 국토 또는 국가의 방위 또는 방비를 말한다. 국방의 의무란 외부 적대세력의 직·간접적인 침략행위로부터 국가의 독립을 유지하고 영토를 보전하기 위한 의무이다.

헌법상 국방의 의무는 「병역법」에 의한 군복부에 임하는 직접적인 병력형성의무는 물론 「향토예비군설치법」, 「민방위기본법」 등에 의한 간접적인 병력형성의무도 포함되며, 병력 형성 이후 군 작전명령에 복종하고 협력할 의무도 포함되는 넓은 의미이다.

(2) 제39조 제2항

병역의무를 이행한 국민에게 불이익한 처우를 한다는 것은 말이 되지 않는다. 혹시 그럴 가능성을 배제하기 위하여 둔 규정이다. 이때 '불이익한 처우'라 함은 단순한 사실상·경제상의 불이익이 아니라, 법률상 불이익을 주는 것을 하지 말라는 뜻이다.

2. 생각해보기

01 독실한 종교인이 자신의 양심의 자유를 이유로 하여 「병역법」상 징집의무 등 병역의무를 위반한 것은 헌법에 합치하는 것일까?

★

'독실한 종교인이 자신의 양심의 자유를 이유로 하여 「병역법」상 징집의무 등 병역의무를 위반한 것'은 헌법 제39조의 국방의 의무에 위배된다.

02 제대군인이 공무원 채용시험 등에 응시한 때에 과목별 득점에 과목별 만점의 3% 또는 5%를 가산하는 제대군인가산점제도를 규정한 「제대군인지원에 관한 법률」 등의 조항은 헌법에 합치하는 것일까?

★

'제대군인이 공무원 채용시험 등에 응시한 때에 과목별 득점에 과목별 만점의 3% 또는 5%를 가산하는 제대군인가산점제도를 규정한 「제대군인지원에 관한 법률」 등의 조항'은 비례의 원칙과 평등의 원칙 등을 위반한 것으로 헌법에 위배된다.

제3편

국가의 통치구조

개관하기

헌법 제1조 제2항은 대한민국의 주권은 국민에게 있음을 천명하고 있다. 그렇다면 국가를 운영하는 것도 국민이 해야 할 것이다. 그러나 현실적으로 그것은 불가능하다. 국민을 대신하여 국가를 운영하고 통치하는 힘, 즉 권력 집단이 필요하다. 그러한 권력 집단을 국가의 통치구조라고 한다.

국가의 통치구조는 현대에 이르러 그 의미가 퇴색된 면이 없지 않지만, 정치사상가이자 법률가인 몽테스키외(Charles Louis Joseph de Secondat, Baron de la Brede et de Montesquieu)의 3권분립이론에 근거한다. 입법권, 행정권, 사법권은 각각 분리된 권력 집단에 배분되고, 각각의 권력집단은 상호 견제와 균형을 이루어야 한다는 것이다.

제3편은 국가의 통치구조에 관한 규정이다. 입법부인 '국회', 국회에서 제정 · 개정된 법률에 따라 국가의 행정행위를 수행하는 '정부' 그리고 다양한 법률관계의 충돌에 대해 최종적인 사법적 판단을 하는 '법원'이 통치구조의 핵심을 이룬다. 입법부인 국회, 대통령과 행정부로 구성되는 정부, 사법적 판단기관인 법원으로 3분화된 통치구조를 전통적 권력분립이라고 한다. 제3편에서 살펴볼 내용을 개관하면 다음과 같다.

제1장

국회

제40조 입법권

입법권은 국회에 속한다.

1. 조문의 의미

'입법'이란 법을 제정하고 개정하는 것을 말한다. 법을 최초로 만드는 것을 '제정'이라고 하며, 만들어진 법을 바꾸는 것을 '개정'이라고 한다. 입법에 관한 권한을 입법권이라고 하는데, 입법권은 국회의 권한이다.

입법권은 국회에 있다. 만들어진 법을 집행하는 권한은 정부에 있다. 법을 해석하여 재판을 하는 권한은 사법부에 있다. 이처럼 입법권, 행정권, 사법권을 각각의 국가기관이 나누어 가지는 것을 권력분립, 즉 삼권분립이라고 한다. 국가의 통치구조를 공부함에 있어 매우 중요한 논리이다.

한편, 현대사회에서는 이를 무 자르듯이 자를 수 없는 한계가 있다. 국가의 통치구조가 기능적으로 작동하기 때문이다. 이를 전통적 삼권분립의 기능적 분화라고 하며, 기능적 권력분립이라고도 한다. 기능적 권력분립에 의해 행정입법, 감사원, 지방자치 등의 제도가 만들어지게 되었다.

2. 생각해보기

01 국민주권주의는 대의제의 방식으로 실현되고 있다. 국민이 대표기관인 국회의원을 선임한 후 국회의원이 국회에서 활동을 함에 있어 국민과의 관계에서는 위임의 법리가 적용되는데, 그 위임의 방식은 기속위임일까? 자유위임일까?

★

국민주권주의를 실현하는 방법으로 권력분립(3권분립)이론이 국가의 통치구조(정치구조)의 근간이 된다. 이때 국민의 의사를 대표하는 대의기관이 바로 국회의원으로 구성된 국회이다. 국회의원은 국민의 보통·평등·직접·비밀선거의 원칙에 의하여 선출된다. 이때 국민과 국회의원의 관계가 문제되는데, 국민은 위임자이고 국회의원은 수임자의 지위에 서게 된다. 이때 위임의 방식은 '자유(재량)위임'의 방식이다. 따라서 국회의원은 의원으로서 국민의 뜻에 기속되지 않고 자유롭게 정치활동을 할 수 있다.

02 헌법은 국회의 구성원인 국회의원의 인원 수를 어떻게 정하고 있을까?

★

헌법은 국회의원의 수는 법률로 정하되 200인 이상으로 하도록 규정하고 있다. 따라서 헌법상 국회의원의 수는 200인 미만으로는 할 수 없고 200인 이상으로만 하면 된다. 참고로 「공직선거법」에서는 국회의원의 총수를 300인으로 하고 있으며, 지역구 국회의원이 253명, 비례대표 국회의원이 47명이다.

제41조 국회의 구성, 선거에 관한 사항

① 국회는 국민의 보통·평등·직접·비밀선거에 의하여 선출된 국회의원으로 구성한다.
② 국회의원의 수는 법률로 정하되, 200인 이상으로 한다. [**관련법률 : 공직선거법**]
③ 국회의원의 선거구와 비례대표제 기타 선거에 관한 사항은 법률로 정한다. [**관련법률 : 공직선거법**]

1. 조문의 의미

(1) 제41조 제1항

'국회'는 국민이 선출한 국회의원으로 구성되는 헌법상 합의체 입법기관을 말한다. '합의체'란 구성원들의 합의에 의해 의사결정이 이루어지는 기관을 말한다. 국회가 존재하기 위해서는 반드시 국회의원이 필요하다. 국회는 국회의원들이 모여지는 추상적 실체이기 때문이다.

국회의원은 국민이 보통·평등·직접·비밀선거의 방법으로 선출한다. 헌법상 선거원칙으로는 보통선거, 평등선거, 직접선거, 비밀선거가 있다. 헌법상 선거원칙은 아니지만, 학자들과 헌법재판소는 자유선거도 선거의 기본원칙으로 보고 있다.

(2) 제41조 제2항

헌법은 국회의원의 수를 확정하지 않고 있다. 대신 법률인 「공직선거법」에 위임하고 있다. 국회의원의 최소 인원 수는 헌법이 정하고 있으며, 200인 이상이어야 한다. 200인 이상으로 국회의원의 수를 정하는 것은 가능하다.

현재 「공직선거법」은 국회의원의 수는 300인으로 정하고 있으며, 지역구 국회의원 253인 비례대표 국회의원 47인이다. 하는 일에 비하면 많은 수이고, 해야 할 일에 비하면 적은 수이다. 국회의원 각자가 되돌아볼 일이다.

(3) 제41조 제3항

국회의원의 선거구와 비례대표제 기타 선거에 관한 사항은 「공직선거법」에서 정하고 있다. 공직선거법상 선거구는 253개가 있으며, 여기서 선출되는 국회의원이 지역구 국회의원이다. 그리고 유효투표총수의 3% 이상 또는 지역구 국회의원 선거에서 5석 이상을 획득한 정당에 비례대표 국회의원의 수 총 47석을 배분한다. 「공직선거법」상 비례대표의원의 배분방법으로는 연동형 비례대표제도가 적용된다.

2. 생각해보기

01 수형자와 집행유예자에 대해 국회의원 선거에서 선거권을 전면 박탈하는 것은 헌법상 보통선거의 원칙에 합치하는 것일까?

★

'수형자'와 '집행유예자'에 대해 국회의원 선거에서 선거권을 전면 박탈하는 것은 헌법상 보통선거의 원칙에 위배되어 위헌이다. 헌법재판소는 수형자에 대해서는 잠적적용 헌법불합치결정을, 집행유예자에 대해서는 단순 위헌결정을 하였다.

02 평등선거의 원칙은 투표의 수적 평등만을 의미하는 것일까? 아니면 투표의 수적 평등은 물론 투표의 성과가치의 평등까지도 의미하는 것일까?

★

'평등선거의 원칙'은 선거는 평등하게 이루어져야 하는 것을 말하며, 구체적으로는 1인 1표의 원칙을 말한다. 평등선거의 원칙은 투표의 수적 평등은 물론 투표의 성과가치의 평등까지를 포함하는 개념이다.

03 국회의원의 수를 200인 미만으로 하기 위해서는 어떠한 절차가 필요할까?

★

헌법은 제41조 제2항에서 "국회의원의 수는 법률로 정하되 200인 이상으로 한다."고 규정하고 있다. 따라서 헌법상 국회의원의 최소 인원수는 200인 이상이어야 하며, 국회의원의 수를 200인 미만으로 하기 위해서는 헌법 제128조에서 130조까지에서 정한 절차에 따라 헌법을 개정하여야 한다.

제42조 국회의원의 임기

국회의원의 임기는 4년으로 한다.

1. 조문의 의미

'국회의원'은 합의체 의사결정기관인 국회의 구성원이자, 국회의원 개개인은 국가기관(헌법기관)으로서의 지위를 가진다. 국회의원은 국민주권주의를 대의제의 방식으로 실현하기 위한 수단이자 도구이다.

국회의원은 정기적으로 국민의 선택을 받을 필요가 있다. 그런 이유에서 헌법은 국회의원의 임기를 4년으로 정하고 있다. 4년마다 한 번씩 보통·평등·직접·비밀선거에 의하여 국민으로부터 평가와 선택을 받으라는 뜻이다.

2. 생각해보기

01 국회의원이 되기 위해서는 최소한의 자격을 가져야 한다. 그 자세한 내용은 「공직선거법」에서 정하고 있는데, 그 중 나이 제한은 어떻게 되는 것일까?

★

국회의원이 되기 위한 자격을 피선거권의 법률상 요건이라고 한다. 「공직선거법」은 국회의원의 피선거권의 자격을 제한하고 있는데, 그 중 나이 제한은 만 25세 이상이 되도록 정하고 있다.

02 지역구 국회의원 후보자등록을 하는 경우 선거관리위원회에 일정액의 기탁금을 납부하도록 하고 있다. 그 기탁금은 얼마나 될까?

★

「공직선거법」상 지역구 국회의원으로 출마하고자 하는 자는 후보자등록을 하는 경우에는 선거관리위원회에 1,500만원의 기탁금을 납부하여야 한다.

제43조 국회의원의 겸직의무

국회의원은 법률이 정하는 직을 겸할 수 없다. [**관련법률 : 국회법**]

1. 조문의 의미

국회의원은 선출직 공무원으로서, 특정한 지역민이나 계층을 대표하는 것이 아니라 국가 또는 국민 전체의 이익을 우선하여야 한다. 헌법에서는 국회의원의 의무를 규정하고 있다. 겸직금지의무(제43조), 청렴의무(제46조 제1항), 국가이익 우선의무(제46조 제2항), 지위남용금지의무(제46조 제3항)가 그것이다.

'겸직'이란 여러 가지 직을 겸하는 것을 말한다. 헌법 제43조는 국회의원의 헌법상 의무 중 '겸직금지의무'를 규정하고 있다. 다만, 공익 목적으로 명예직, 법률에서 정한 직, 「정당법」에 따른 정당의 직은 국회의원의 겸직금지의 범위에서 제외된다.

2. 생각해보기

01 헌법상 국회의원은 겸직금지의무를 부담하는데, 국회의원이 행정각부의 장인 기획재정부장관이 되는 것은 가능할까?

★

「국회법」 제29조는 국회의원은 국무총리 또는 국무위원 외의 직은 겸할 수 없다고 규정하고 있다. 따라서 국회의원이 국무총리 또는 국무위원의 직을 겸하는 것은 가능하다. 행정각부의 장은 국무위원의 자격을 가져야 하기 때문에 국회의원이 행정각부의 장인 기획재정부장관을 겸하는 것은 가능하다.

02 국회의원은 품위유지의무와 영리업무종사 금지의무를 부담한다. 국회의원의 품위유지의무와 영리업무종사 금지의무는 헌법이 규정하고 있는 국회의원의 의무일까?

★

국회의원의 '품위유지의무'와 '영리업무종사의무'에 대해서는 헌법에서 규정하고 있지 않고, 「국회법」에서 규정하고 있다. 따라서 국회의원의 '품위유지의무'와 '영리업무종사금지의무'는 헌법상 의무가 아닌 국회법상 의무일 뿐이다.

제44조 불체포특권

① 국회의원은 현행범인인 경우를 제외하고는 회기 중 국회의 동의없이 체포 또는 구금되지 아니한다.
② 국회의원이 회기 전에 체포 또는 구금 전 때에는 현행범인이 아닌 한 국회의 요구가 있으면 회기중 석방된다.

1. 조문의 의미

(1) 제44조 제1항

국회의원은 현행범인인 경우를 제외하고는 회기 중 국회의 동의 없이 체포 또는 구금되지 아니한다. 이를 국회의원의 '불체포특권'이라고 한다. 국회의원이 불체포특권이 적용되기 위해서는 현행범인이 아니어야 한다. 회기 중이어야 한다. 국회의 동의가 없어야 한다.

현행범인인 경우에는 회기 중 국회의 동의 없이 체포 또는 구금할 수 있다. 다만, 회의장 안에 있을 때에는 국회의장의 명령이 있어야 체포 또는 구금할 수 있다. 회기 중에도 국회의 동의가 있는 경우에는 국회의원을 체포 또는 구금할 수 있다. 국회의 동의는 국회 '재적의원 과반수의 출석'과 '출석의원 과반수의 찬성'에 의한다.

(2) 제44조 제2항

국회의원이 회기 전에 체포 또는 구금된 때에는 현행범인이 아닌 한 국회의 요구가 있으면 회기 중 석방된다. 이때 국회의 동의는 국회 '재적의원 과반수의 출석'과 '출석의원 과반수의 찬성'에 의한다. 한편, 현행범인인 국회의원은 국회의 요구가 있는 경우에도 회기 중 석방되지 아니한다.

2. 생각해보기

01 헌법이 국회의원의 불체포특권을 규정한 이유는 무엇일까?

★

국회의원의 '불체포특권'은 국회의원이 그 직무를 수행함에 있어서 자주성과 독립성을 확보하는 하려는 취지에서 헌법에서 규정한 것이다. 불체포특권은 국회의원 개인의 특권이자 국회의 특권으로서의 성격을 가지고 있다. 따라서 불체포특권을 국회의원 스스로가 포기할 수는 없다.

02 국회의 회기는 정기회와 임시회로 구분할 수 있는데, 정기회 또는 임시회의 휴회 기간 중에도 국회의원의 불체포특권은 적용되는 것일까?

★

국회의원은 현행범인인 경우를 제외하고는 회기 중 국회의 동의 없이 체포 또는 구금되지 아니한다. '불체포특권'은 회기 중에 적용되는데, 회기 중이란 국회의 집회일부터 폐회일까지를 말하며, 임시회든 정기회든 불문하고 휴회기간도 포함된다. 따라서 국회의원의 불체포특권은 정기회 또는 임시회의 휴회기간 중에도 적용된다.

제45조 면책특권

국회의원은 국회에서 직무상 행한 발언과 표결에 관하여 국회 외에서 책임을 지지 아니한다.

1. 조문의 의미

국회의원은 국회에서 직무상 행한 발언과 표결에 관하여 국회 외에서 책임을 지지 아니한다. 이를 국회의원의 '면책특권'이라고 한다. 국회의원의 면책특권이 적용되기 위해서는 국회에서 행한 발언과 표결이어야 한다. 직무상 행한 발언과 표결이어야 한다. 따라서 국회 밖에서 직무와 관련 없이 행한 발언과 표결에 대해서는 면책특권이 적용되지 아니한다.

'국회에서'의 의미는 장소적 관념이라기보다는 국회의 직무활동의 범위를 뜻하는 것으로 보아야 한다. 그리고 '직무상'이란 직무수행과 직접 관련된 것은 물론 직무수행의 일환으로 행해지는 것도 포함되며, 직무수행과 관련하여 통상적으로 부수하여 행하여지는 행위까지 포함한다.

2. 생각해보기

01 국회의원의 직무와는 아무런 관련 없음이 분명하거나 명백하게 허위임을 알면서도 허위의 사실을 적시하여 타인의 명예를 훼손하는 행위도 면책특권의 대상이 될까?

★

헌법 제45조에 의하면 국회의원은 국회에서 직무상 행한 발언과 표결에 관하여 국회 외에서 책임을 지지 아니한다. 이를 국회의원의 '면책특권'이라고 한다. 국회의원의 직무와는 아무런 관련 없음이 분명하거나 명백하게 허위임을 알면서도 허위의 사실을 적시하여 타인의 명예를 훼손하는 행위는 면책특권의 대상이 되지는 아니한다.

02 국회의원의 면책특권은 국회의원의 임기가 끝난 후에도 그 효력이 유지되는 것일까?

★

헌법 제45조는 면책특권의 효력 범위에 대해 별도의 규정을 두고 있지 않다. 국회의원의 임기 중에 발생한 면책특권은 국회의원의 임기가 끝난 후에도 그 효력이 유지되는 것으로 해석해야 한다. 결론적으로 국회의원의 '면책특권'은 임기 중은 물론 임기가 끝난 후에도 그 효력이 유지된다.

제46조 국회의원의 의무

① 국회의원은 청렴의 의무가 있다.
② 국회의원은 국가이익을 우선하여 양심에 따라 직무를 행한다.
③ 국회의원은 그 지위를 남용하여 국가·공공단체 또는 기업체와의 계약이나 그 처분에 의하여 재산상의 권리·이익 또는 직위를 취득하거나 타인을 위하여 그 취득을 알선할 수 없다.

1. 조문의 의미

(1) 제46조 제1항

'청렴'이란 성품과 행실이 높고 맑으며 탐욕이 없음을 말한다. 국회의원은 청렴하여야 한다. 과연 우리나라 국회의원이 그러한지는 의문이다. 헌법 제46조 제1항은 국회의원에게 청렴하라고 한다. 국회의원은 그러하여야 한다.

(2) 제46조 제2항

국회의원은 자신의 이익과 국가이익이 충돌하는 경우에는 국가이익을 우선하여 양심에 따라 직무를 수행하여야 한다. 헌법은 국회의원에게 자신의 이익보다는 국가이익을 우선하라고 한다. 우리나라 국회의원이 그러한지는 의문이다. 행여 국가이익보다는 자신의 이기적인 양심에 따라 직무를 수행하는 것은 아닌지 국회의원들은 돌아볼 필요가 있다.

(3) 제46조 제3항

국회의원은 그 지위를 남용하여 국가·공공단체 또는 기업체와의 계약이나 그 처분에 의하여 재산상의 권리·이익 또는 직위를 취득하거나 타인을 위하여 그 취득을 알선할 수 없다. 우리 헌정사에서 오죽 이런 일이 많았으면, 헌법에서까지 이러한 조항을 넣었을까? 반성할 일이다. 입법기관인 국회의 구성원이자 각자가 헌법기관인 국회의원들의 체면이 말이 아닌 조항과 조문이다.

2. 생각해보기

01 많은 국민은 헌법기관이자 입법기관인 국회의 구성원인 국회의원 중 자격 미달에 해당하는 분들이 많다고 생각한다. 국회의원을 통제할 수 있는 장치를 헌법에 도입한다면 어떠한 것들이 있을까?

★

국회의원은 선거에 의해 국민의 대표가 되지만, 자유위임 또는 재량위임의 법리에 의해 그 임무를 수행한다. 따라서 다수 국민의 생각과는 다른 행동을 하는 경우가 종종 발생한다. 이는 국가의 통치구조의 한계로 인한 것이다. 그 대안으로 등장한 것이 '국민소환제' 등이 있다. 현행 법 체계상 국회의원에 대한 국민소환제는 인정되지 않는다. 다만, 지방의원에 대해서는 주민소환제가 제도적으로 보장되고 있다.

02 국민이 국회의원을 직접적으로 통제할 수 있는 장치를 헌법에 도입하는 것이 과연 바람직할까?

★

국민이 국회의원을 직접적으로 통제할 수 있는 장치를 헌법에 도입하는 것이 국민에 의한 국회의원의 통제를 강화하고 정치활동의 투명성을 제고한다는 측면에서는 바람직하겠지만 이는 입법을 통해 제도적으로 보완되어야 하는 부분이어서, 국회가 이를 쉽사리 받아들일지는 의문이다.

제47조 정기회, 임시회

① 국회의 정기회는 법률이 정하는 바에 의하여 매년 1회 집회되며, 국회의 임시회는 대통령 또는 국회 재적의원 4분의 1 이상의 요구에 의하여 집회된다. [**관련법률 : 국회법**]
② 정기회의 회기는 100일을, 임시회의 회기는 30일을 초과할 수 없다. [**관련법률 : 국회법**]
③ 대통령이 임시회의 집회를 요구할 때에는 기간과 집회요구의 이유를 명시하여야 한다.

1. 조문의 의미

(1) 제47조 제1항

국회의 회기는 정기회와 임시회로 나뉜다.

'정기회'는 국회법에서 정하는 바에 따라 매년 1회 집회되는 회기를 말한다. 정기회는 매년 9월 1일에 개회된다. '임시회'는 대통령 또는 국회 재적의원 4분의 1 이상의 요구에 의하여 소집된다. 매년 2월 · 4월 · 6월의 1일과 8월 16일에 임시회를 집회한다.

(2) 제47조 제2항

'정기회'는 매년 9월 1일에 개회되며 100일을 초과할 수 없다. '임시회'는 매년 2월 · 4월 · 6월의 1일과 8월 16일에 집회한다. 임시회는 30일을 초과할 수 없다.

국회는 정기회와 임시회를 통해서도 운영되지만, 현실적으로 위원회제도를 중심으로 운영된다. 이를 '위원회중심주의'라고 한다. 국회의 위원회는 상임위원회와 특별위원회로 구분된다. 「국회법」상 상임위원회는 17개가 있으며, 특별위원회는 예산결산특별위원회, 윤리특별위원회, 인사청문특별위원회, 그 밖의 일반특별위원회가 있다. 특별위원회 중 예산결산특별위원회만이 상설위원회이다.

(3) 제47조 제3항

국회의 임시회는 대통령도 그 집회를 요구할 수 있다. 대통령이 임시회의 집회를 요구할 때에는 기간과 집회요구의 이유를 명시하여야 한다.

2. 생각해보기

01 현재 국회의 운영은 정기회와 임시회를 통한 본회의 중심주의가 아닌 상임위원회와 특별위원회 등 위원회중심주의를 채택하고 있는데, 그 장점과 단점은 무엇일까?

★

현재 우리나라의 국회는 위원회중심주의를 채택하고 있다. 이는 국회 운영의 전문성과 효율성을 강화하기 위한 취지이다. 위원회중심주의는 국회 운영의 전문성과 효율성을 강화한다는 장점이 있지만, 국회의 중요한 의사결정마저 소수의 국회의원으로 구성된 위원회에서 이루어지게 되어 본회의가 형해화될 수 있는 단점도 존재한다.

02 교섭단체 국회의원만이 국회 정보위원회의 위원이 될 수 있도록 한 현행 「국회법」 조항은 헌법이 일반 국민에게 인정하는 기본권이 될까?

★

현행 「국회법」은 교섭단체 국회의원만이 국회 정보위원회의 의원이 될 수 있도록 하고 있다. 이는 국회 내부의 의사결정에 관한 사항으로 일반 국민의 기본권과는 무관한 사항이다.

제48조 국회의장, 부의장

국회는 의장 1인과 부의장 2인을 선출한다. [**관련법률 : 국회법**]

1. 조문의 의미

'국회의장'은 국회를 대표하고 의사를 정리하며 질서를 유지하고 사무를 감독하는 국회의 대표기관이다. 국회의장은 1인을 둔다. '국회부의장'은 의장이 없는 경우 의장의 직무를 대행하는 자이다. 국회부의장은 2인을 둔다.

국회의원이 의장으로 당선된 때에는 당선된 다음 날부터 의장으로 재직하는 동안은 당적을 가질 수 없다. 그러나 정당에 소속된 국회의원이 국회부의장으로 당선되더라도 그 직에 있는 동안은 당적을 가질 수 있다. 이점 유의하기 바란다.

'사고'란 뜻밖의 일로 국회의장이 의장의 직무를 수행할 수 없는 경우를 말한다. 국회의장이 사고가 있을 때에는 '의장이 지정하는 부의장'이 그 직무를 대리한다. 다만, 의장이 직무대리자를 지정할 수 없을 때에는 '소속 의원 수가 많은 교섭단체 소속 부의장의 순'으로 직무를 대행한다.

2. 생각해보기

01 「국회법」에 따르면, 국회의장은 상임위원회의 위원이 될 수 없다. 그렇다면 의장은 상임위원회에 출석하여 발언하거나 표결은 할 수 있을까?

★

「국회법」에 따르면, 국회의장은 상임위원회의 위원이 될 수 없다. 국회의장은 상임위원회에 출석하여 발언하는 것은 가능하다. 그러나 '표결'에는 참여하지 못한다. 국회의장의 중립성과 객관성을 고려한 조치이다.

02 국회의장이 한 처분에 대해 행정소송이 제기된 경우 그 행정소송에서 피고는 국회의장일까? 아니면 국회 사무총장일까?

★

국회의장이 한 처분에 대해 행정소송이 제기된 경우 해당 행정소송의 피고는 국회의장이 아닌 '국회 사무총장'이 된다. 그 이유는 국회의장은 헌법기관이고, 국회의 행정사무에 관한 최종적 권한을 가지는 기관이 국회 사무총장이기 때문이다.

제49조 국회의 일반정족수

국회는 헌법 또는 법률에 특별한 규정이 없는 한 재적의원 과반수의 출석과 출석의원 과반수의 찬성으로 의결한다. 가부동수인 때에는 부결된 것으로 본다.
[**관련법률 : 국회법**]

1. 조문의 의미

'정족수'란 합의체가 의사를 진행하고 결정하는 데 필요한 최소한의 인원 수를 말한다.

정족수는 의사정족수와 의결정족수로 구분된다. '의사정족수'는 합의체기관이 의사를 진행하는 데 필요한 최소한의 구성원 정족수를 말한다. 「국회법」은 국회가 개의되기 위한 의사정족수를 재적의원 5분의 1 이상의 출석을 규정하고 있다. '의결정족수'란 합의체 기관의 의결이 성립하는 데 필요한 구성원의 찬성표의 수를 말한다.

헌법 또는 법률에 특별한 규정이 없는 한 국회 재적의원 과반수의 출석이 필요하며, 출석의원 과반수의 찬성이 필요하다. 가부동수, 즉 찬성과 반대의 수가 같은 경우에는 부결된 것으로 본다.

2. 생각해보기

01 국회에서 의안에 대한 표결 결과 찬성과 반대의 수가 동수, 즉 가부동수인 경우 의장의 결정권은 인정되는 것일까?

★ 국회에서 의안에 대한 표결 결과 찬성과 반대의 수가 동수인 경우를 '가부동수'라고 한다. 국회의 의사결정 과정에서 가부동수가 된 경우에 의장의 결정권은 인정되지 아니한다.

02 헌법이나 「국회법」에 별도로 의결정족수에 관한 규정을 두지 않은 경우 국회의 결의를 위한 정족수는 어떻게 적용되는 것일까?

★ 헌법이나 법률에 별도의 규정이 없는 경우에는 국회 '재적의원 과반수의 출석'과 '출석의원 과반수'의 찬성에 의한다. 이 규정은 국회의사결정의 일반원칙이다.

제50조 의사공개의 원칙

① 국회의 회의는 공개한다. 다만, 출석의원 과반수의 찬성이 있거나 의장이 국가의 안전보장을 위하여 필요하다고 인정할 때에는 공개하지 아니할 수 있다.
② 공개하지 아니한 회의내용의 공표에 관하여는 법률이 정하는 바에 의한다.

1. 조문의 의미

(1) 제50조 제1항

회의공개의 원칙의 대상이 되는 국회의 회의는 본회의, 위원회의 회의, 소위원회의 회의를 모두 포함한다. 국회의 모든 회의는 공개하는 것이 원칙이다. 국민의 알 권리와 국민이 국회의원의 의정활동을 직접 평가할 수 있도록 하기 위함이다. 다만, 출석의원 과반수의 찬성이 있거나 의장이 국가의 안전보장을 위하여 필요하다고 인정할 때에는 공개하지 아니할 수 있다. 소위원회도 공개를 원칙으로 하지만, 소위원회의 의결로 공개하지 않을 수 있다고 하여 헌법의 규정을 피해가고 있다.

과연 국민을 대신해서 입법을 하는 국회의원이 국민의 통제를 받으려는 것인지 피하려는 꼼수를 쓰는 것인지 의문이다.

(2) 제50조 제2항

공개하지 아니한 회의내용의 공표에 관하여는 법률이 정하는 바에 의한다. 「국회법」 제18조는 다음과 같이 규정하고 있다. 공개하지 아니한 회의의 내용은 공표되어서는 아니 된다. 다만, 본회의 의결 또는 의장의 결정으로 국회법 제50조 제1항 단서의 사유가 소멸하였다고 판단되는 경우에는 공표할 수 있다.

2. 생각해보기

01 국회의 회의는 본회의, 위원회의 회의 및 소위원회의 회의도 공개하는 것을 원칙으로 한다. 이는 헌법상 국민의 기본권 중 어떠한 권리에 기초한 것일까?

★

국회의 회의는 본회의, 위원회의 회의 및 소위원회의 회의도 공개하는 것을 원칙으로 한다. '국회 회의공개의 원칙'은 헌법상 명시적으로 규정하고 있지는 않지만, 헌법상 표현의 자유 등의 권리에서 파생되는 국민의 알 권리에 기초한 것이다. 헌법재판소도 '국민의 알 권리'를 헌법상 기본권으로 인정하고 있다.

02 국회의원들의 국정감사활동에 대한 평가 및 그 결과공표의 부적절함을 이유로 국정감사에 대한 시민단체의 방청을 불허한 것은 헌법에 합치되는 것일까?

★

「국정감사 및 조사에 관한 법률」은 제12조에서 "국정감사와 조사는 공개한다. 다만, 위원회의 의결로 달리 정할 수 있다."고 규정하고 있다. 따라서 위원회의 의결로 국회의원들의 국정감사활동에 대한 평가 및 그 결과공표의 부적절함을 이유로 국정감사에 대한 시민단체의 방청을 불허한 것은 헌법에 위배되는 것은 아니다.

제51조 회기계속의 원칙

국회에 제출된 법률안 기타의 의안은 회기중에 의결되지 못한 이유로 폐기되지 아니한다. 다만, 국회의원의 임기가 만료된 때에는 그러하지 아니하다.

1. 조문의 의미

국회에 제출된 법률안 기타의 의안은 회기 중에 의결되지 못한 이유로 폐기되지 아니한다. 이를 국회의 '회기계속의 원칙'이라고 한다. 다만, 국회의원의 임기가 만료된 때에는 자동으로 폐기된다. 회기계속의 원칙은 헌법상 원칙이다.

한편, 「국회법」에서는 일사부재의의 원칙을 규정하고 있다. '일사부재의의 원칙'이란 국회에서 한번 부결된 안건은 같은 회기 중에 다시 발의하거나 제출할 수 없다는 원칙을 말한다.

'회기계속의 원칙'은 헌법상 원칙이지만, '일사부재의의 원칙'은 「국회법」상 원칙이다. 양자의 지위에 차이가 있다.

2. 생각해보기

01 회기계속의 원칙과 일사부재의의 원칙의 가장 큰 차이점은 무엇일까?

★

'회기계속의 원칙'이란 국회에 제출된 법률안 기타의 의안은 회기중에 의결되지 못한 이유로 폐기되지 아니하는 것을 말한다. 그에 반해 '일사부재의의 원칙'은 부결된 안건은 회기 중에 다시 발의하거나 제출할 수 없는 원칙을 말한다.
회기계속의 원칙은 헌법상 원칙이지만, 일사부재의의 원칙은 「국회법」상 원칙인 점에서 커다란 차이를 보인다.

02 국회에 제출된 법률안은 회기 중에 의결되지 못하거나 국회의원의 임기가 만료되면 폐기되는 것일까?

★

국회에 제출된 법률안 기타 의안은 회기 중에 의결되지 못한 이유로 폐기되지 아니한다. 다만, 국회의원의 임기가 만료된 때에는 그러하지 아니하다. 따라서 국회의원의 임기가 만료된 때에는 회기 중 의결되지 못한 경우 폐기된다.

제52조 법률안 제출권

국회의원과 정부는 법률안을 제출할 수 있다.

1. 조문의 의미

'법률안'이란 법률이 될 사항을 조목별로 정리하여 국회에 제출하는 문서로, 법안 또는 법률의 안건 또는 법률의 초안이라고도 한다. 법률안을 국회에 제출할 수 있는 자는 '국회의원'과 '정부'에 한정된다.

헌법에서는 국회의원이라고 하지만, 국회의원이 제출할 때에는 10명 이상이 찬성해야 한다. 국회의 위원회도 소관 사항에 관하여 법률안을 제출할 수 있다. 국회의 위원회가 제출하는 경우에는 국회의원 10명 이상의 찬성이 필요하지 않다.

국회의 입법 과정은 국회법에 따라 다음과 같은 절차에 의한다.

① 국회의원 또는 정부의 법률안 제출 → ② 본회의에 보고 및 위원회 회부 → ③ 위원회의 심사 → ④ 본회의의 심의 · 의결 → ⑤ 정부 이송 및 공포 → ⑥ 법률의 효력발생 → ⑦ 법률의 시행

2. 생각해보기

01 헌법은 정부와 국회의원은 법률안을 제출할 수 있다고 규정하고 있다. 헌법에 따라 국회의원은 개개인이 법률안을 제출하는 것은 가능할까?

★

헌법은 '정부'와 '국회의원'은 법률안을 제출할 수 있다고 규정하고 있다. 이때 국회의원이 법률안을 제출하는 경우에는 발의자를 포함하여 국회의원 10명 이상의 찬성으로 발의할 수 있다. 한편, 위원회는 그 소관에 속하는 사항에 관하여 법률안과 그 밖의 의안을 제출할 수 있다.

02 대통령의 법률안 제출행위는 「헌법재판소법」 제68조 제1항의 헌법소원(권리구제형 헌법소원)의 대상이 될까?

★

'대통령의 법률안 제출행위'는 국가기관 내부의 행위에 불과하고 국민에 대하여 직접적인 법률효과를 발생시키는 행위가 아니므로, 헌법소원심판의 대상이 되는 공권력의 행사에 해당하지 아니한다.

제53조 법률안의 공포, 대통령의 거부권, 재의, 확정, 효력발생

① 국회에서 의결된 법률안은 정부에 이송되어 15일 이내에 대통령이 공포한다.
② 법률안에 이의가 있을 때에는 대통령은 제1항의 기간 내에 이의서를 붙여 국회로 환부하고, 그 재의를 요구할 수 있다. 국회의 폐회 중에도 또한 같다.
③ 대통령은 법률안의 일부에 대하여 또는 법률안을 수정하여 재의를 요구할 수 없다.
④ 재의의 요구가 있을 때에는 국회는 재의에 붙이고, 재적의원 과반수의 출석과 출석의원 3분의 2 이상의 찬성으로 전과 같은 의결을 하면 그 법률안은 법률로서 확정된다.
⑤ 대통령이 제1항의 기간 내에 공포나 재의의 요구를 하지 아니한 때에도 그 법률안은 법률로서 확정된다.
⑥ 대통령은 제4항과 제5항의 규정에 의하여 확정된 법률을 지체없이 공포하여야 한다. 제5항에 의하여 법률이 확정된 후 또는 제4항에 의한 확정법률이 정부에 이송된 후 5일 이내에 대통령이 공포하지 아니할 때에는 국회의장이 이를 공포한다.
⑦ 법률은 특별한 규정이 없는 한 공포한 날로부터 20일을 경과함으로써 효력을 발생한다.

1. 조문의 의미

(1) 제53조 제1항

헌법 제52조의 절차를 거쳐 국회에서 의결된 법률안은 정부에 이송되어 '15일 이내'에 대통령이 공포한다. 별다른 설명이 필요 없는 부분이다.

(2) 제53조 제2항

법률안에 이의가 있을 때에는 대통령은 15일 이내에 이의서를 붙여 국회로 환부하고 그 재의를 요구할 수 있다. 이를 '대통령의 법률안 거부권행사'라고 한다. 대통령의 법률안 거부권행사는 국회가 폐회 중인 경우에도 행사할 수 있다. 대통령의 법률안 거부권행사는 국회의 입법권한에 대한 강력한 통제장치이다. 다만,

대통령 자신의 정치적 신뢰에 대한 문제와도 직결되므로 그 권한행사는 신중할 필요가 있다.

(3) 제53조 제3항

대통령은 거부권을 행사함에 있어서 '일부에 대하여' 또는 법률안을 '수정하여' 재의를 요구할 수 없다. 따라서 전부에 대한 재의요구만 가능하다. 국회의 고유권한인 입법권의 침해를 최소화하고 국회의 입법권의 보장을 위한 취지이다.

(4) 제53조 제4항

대통령의 재의의 요구가 있을 때에는 국회는 재의에 붙이고, '재적의원 과반수의 출석'과 '출석의원 3분의 2 이상의 찬성'으로 전과 같은 의결을 하면 그 법률안은 법률로서 확정된다. 대통령의 재의요구가 있는 경우 일반 정족수에 비해 요건을 강화하여 재적의원 과반수의 출석과 출석의원 3분의 2이상의 찬성으로 의결하여야 한다. 국회가 재의결한 법률안에 대해서 대통령은 다시 거부권을 행사할 수는 없다.

(5) 제53조 제5항

대통령이 공포기간인 15일 이내에 공포도 하지 않고, 재의의 요구도 하지 않은 경우에는 그 법률안은 법률로서 확정된다.

(6) 제53조 제6항

국회에서 재의에 붙여 의결한 법률안이 확정된 경우 확정된 법률은 대통령이 지체없이 공포하여야 한다. 만일 재의에 붙여 법률이 확정된 후 또는 확정법률이 정부에 이송된 후 5일 이내에 대통령이 공포하지 않으면 '국회의장'이 이를 공포한다. 이때 '공포'한다는 것은 법률전문을 포함한 공포문에 서명과 날인을 하여 관보에 게재하는 것을 말한다.

(7) 제53조 제7항

법률은 특별한 규정이 없는 한 공포한 날로부터 20일을 경과함으로써 효력을 발생한다. 시행일에 대해서는 일반적으로 부칙에서 규정한다. 해당 법률의 규정 또는 부칙에 시행일에 관하여 별도의 규정이 없다면 공포한 날부터 20일을 경과함으로써 효력이 발생한다. 제53조 제7항은 이에 관한 규정이다.

2. 생각해보기

01 법률은 특별한 규정이 없는 한 공포한 날로부터 얼마의 기간이 경과하면 그 효력이 발생할까?

★

법률은 특별한 규정이 없으면, 공포된 날부터 20일이 경과함으로써 그 법률의 효력이 발생한다. 법률의 효력발생시기에 대해서는 일반적으로 해당 법률의 부칙에서 정하는 경우가 많다. 만일 부칙 등에서 정함이 없다면 법률은 공포된 날부터 20일이 경과함으로써 효력이 발생한다.

02 국회의 심의·의결을 거친 법률안에 대해 대통령은 그 일부에 대하여 또는 법률안을 수정하여 재의를 요구할 수 있을까?

★

법률안에 이의가 있을 때에는 대통령은 공포 기간 내에 이의서를 붙여 국회로 환부하고 그 재의를 요구할 수 있다. 국회의 폐회 중에도 마찬가지이다. 다만, 국회의 심의·의결을 거친 법률안에 대해 대통령은 그 법률안의 일부에 대하여 또는 법률안을 수정하여 재의를 요구할 수 없다.

제54조 예산안의 심의 · 확정

① 국회는 국가의 예산안을 심의 · 확정한다.
② 정부는 회계연도마다 예산안을 편성하여 회계연도 개시 90일 전까지 국회에 제출하고, 국회는 회계연도 개시 30일 전까지 이를 의결하여야 한다. [**관련법률 : 국가재정법, 국가회계법**]
③ 새로운 회계연도가 개시될 때까지 예산안이 의결되지 못한 때에는 정부는 국회에서 예산안이 의결될 때까지 다음의 목적을 위한 경비는 전년도 예산에 준하여 집행할 수 있다.
1. 헌법이나 법률에 의하여 설치된 기관 또는 시설의 유지 · 운영
2. 법률상 지출의무의 이행
3. 이미 예산으로 승인된 사업의 계속

1. 조문의 의미

(1) 제54조 제1항

'예산'이란 국가가 한 회계연도의 수입과 지출을 미리 셈하여 정한 계획을 말한다. 이때 한 회계연도의 수입을 '세입'이라고 하고, 한 회계연도의 지출을 '세출'이라고 한다.

국회의 가장 중요한 권한은 입법권이다. 그에 못지않게 중요한 권한이 국가의 예산안 심의 · 확정권이다. 국회의 예산안 심의 · 확정권은 정부에 대한 강력한 통제기능의 역할을 한다.

(2) 제54조 제2항

'회계연도'란 세입과 세출, 즉 예산을 정산하는 단위로서의 기간을 말한다. 국가도 예산을 운영하기 때문에 회계연도가 필요하다. 우리나라 정부의 회계연도는 1월 1일부터 12월 31일까지이다.

예산안의 편성・제출・의결절차는 다음과 같다. ① 행정 각부의 장은 매년 6월 30일까지 기획재정부장관에게 예산요구서를 제출한다. ② 기획재정부장관은 그에 따라 예산안을 편성하고 국무회의의 심의를 거친다. ③ 국무회의의 심의를 거친 예산안은 대통령의 승인을 얻어 국회에 회계연도 개시 90일 전까지 제출한다. ④ 정부가 제출한 예산안에 대해 국회는 회계연도 개시 30일 전까지 이를 의결하여야 한다. 법률이 아닌 국회의 의결을 통해 예산안이 확정되는 절차는 '예산비법률주의'라고 한다. 우리나라는 예산안의 확정에 있어서 예산비법률주의를 채택하고 있다.

(3) 제54조 제3항

새로운 회계연도가 개시될 때까지 예산안이 의결되지 못할 수도 있다. 국회의 의결을 거쳐야 하기 때문이다. 이 경우 정부는 국회에서 예산안이 의결될 때까지 반드시 필요한 경비는 전년도 예산에 준하여 지출할 수 있도록 하고 있다. 헌법 제54조 제3항은 그에 관한 내용이다.

2. 생각해보기

01 다음 연도 국가의 예산을 정하는 방법으로는 법률에 의하는 방법과 법률이 아닌 국회의 의결 등으로 하는 방법이 있다. 전자를 예산법률주의라고 하며, 후자를 예산비법률주의라고 한다. 우리나라는 예산안의 확정방식으로 어떠한 방법을 채택하고 있을까?

★

'예산'이란 국가의 세입과 세출을 말한다. 국가도 그 법적 실체는 법인이고, 국가가 유지·존속되기 위해서는 예산이 필요함은 두말할 나위가 없다. 국가의 예산을 정하는 방법으로 우리나라는 법률의 규정에 의하지 않고, 국회의 예산안의 심의·확정절차에 의한다. 따라서 우리나라는 '예산비법률주의'를 채택하고 있다.

02 국회는 정부의 동의 없이 정부가 제출한 지출예산 각 항목의 금액을 증가하거나 새 비목을 설치할 수 있을까?

★

국회는 정부의 동의 없이 정부가 제출한 지출예산 각 항목의 금액을 증가시키거나 새 비목을 설치할 수 없다. 국회의원의 예산남용을 방지하기 위해 헌법이 고민한 흔적이다.

제55조 계속비, 예비비

① 한 회계연도를 넘어 계속하여 지출할 필요가 있을 때에는 정부는 연한을 정하여 계속비로서 국회의 의결을 얻어야 한다. [**관련법률 : 국가재정법**]
② 예비비는 총액으로 국회의 의결을 얻어야 한다. 예비비의 지출은 차기 국회의 승인을 얻어야 한다. [**관련법률 : 국가재정법**]

1. 조문의 의미

(1) 제55조 제1항

'계속비'란 한 회계연도를 넘어 계속하여 지출할 필요가 있는 예산을 말한다. 계속비의 지출연한은 「국가재정법」에서 원칙적으로 5년 이내로 정하고 있다. 계속비도 연한을 정하여 국회의 의결을 얻어야 한다.

(2) 제55조 제2항

'예비비'란 예산을 편성할 때 예측할 수 없는 예산 외의 지출 또는 예산이 초과할지도 모르는 지출에 대해 미리 정해 놓은 예산을 말한다. 예비비도 예산이므로 국회의 의결을 얻어야 하며, 총액으로 의결을 얻어야 한다. 그리고 예비비의 지출이 있는 경우에는 '차기 국회의 승인'을 얻어야 한다. 예비비는 미리 쓰고 나중에 국회의 승인을 얻는다. 국회의 승인을 얻지 못한 예비비의 지출이라도 무효가 되지 않는다. 다만, 정치적 책임이 문제될 뿐이다.

2. 생각해보기

01 국회가 의결한 예산 또는 국회의 예산안의 의결은 헌법소원의 대상이 되는 것일까?

★

'예산'은 정부가 제출하고 국회의 심의·확정절차를 거쳐 확정된다. 예산안의 심의·확정권도 국회가 가지고 있기 때문에 예산은 법규범과 동일한 지위를 가지는 것은 분명하다. 다만, 예산은 일반 국민을 직접적으로 구속하는 것이 아니고, 각 국가기관을 구속하는 것이므로 국회가 의결한 예산 또는 국회의 예산안의 의결은 헌법소원심판의 대상이 되지 아니한다.

02 총액으로 하여 편성한 예비비를 정부가 미리 지출하고 다음 연도 5월 31일까지 국회에 제출하여 승인을 얻지 못한 경우 그 지출한 예비비는 무효가 되는 것일까?

★

총액으로 하여 편성한 예비비를 정부가 미리 지출하고 다음 연도 5월 31일까지 국회에 제출하여 승인을 얻어야 한다. 다만, 국회의 승인을 얻지 못한 경우에 이를 무효로 하면 국정의 혼란을 야기할 수 있으므로 무효로 보지 않아야 한다는 것이 다수 학자의 견해이다.

제56조 추가경정예산안

정부는 예산에 변경을 가할 필요가 있을 때에는 추가경정예산안을 편성하여 국회에 제출할 수 있다. [**관련법률 : 국가재정법**]

1. 조문의 의미

국회의 의결을 거쳐 예산이 확정되었으나, 재해・대규모의 실업・경기침체 등 불확실한 경제상황에 따라 예산을 변경해야 할 필요성이 있을 때 정부가 추가로 편성하는 예산을 '추가경정예산'이라고 한다.

정부가 추가경정예산안을 편성하여 국회에 제출하기 위해서는 그 필요성이 있어야 한다. 정부는 국회에서 추가경정예산안이 확정되기 전에는 이를 미리 배정하거나 집행할 수 없다. 정부의 예산남용을 방지하기 위한 제도적 장치이다.

2. 생각해보기

01 대량실업이나 재해 등이 있는 경우 정부가 추가경정예산안을 편성하고 미리 지출한 후 추후 국회의 승인을 얻는 것은 가능할까?

★

정부는 국회의 추가경정예산안이 확정되기 전에는 이를 미리 배정하거나 집행할 수 없다. 따라서 대량실업이나 재해 등이 있는 경우에도 정부가 추가경정예산안을 편성하고 미리 지출하는 것은 허용되지 아니한다.

02 정부는 예산에 변경을 가할 필요가 있는 경우 수정예산안을 편성하여 국회에 제출할 수 있을까?

★

정부는 예산에 변경을 가할 필요가 있는 경우에는 '추가경정예산안'을 편성하여 국회에 제출할 수 있을 뿐, 수정예산안을 편성하여 제출하는 것은 허용되지 아니한다. 추가경정예산안과 수정예산안의 차이를 명확히 구별하기 바란다.

제57조 예산의 증가와 새 비목설치의 제한

국회는 정부의 동의 없이 정부가 제출한 지출예산 각항의 금액을 증가하거나 새 비목을 설치할 수 없다.

1. 조문의 의미

예산안의 편성 권한은 정부에 있다. 국회는 정부가 편성한 예산안의 심의·확정권만을 가지고 있다. 국회가 정부의 동의 없이 정부가 제출한 지출예산 각항의 금액을 증가하거나 새 비목을 설치하는 것은 가능할까? 절대로 안 된다.

만일 국회에 그러한 권한을 준다면 자신의 재선 등을 위한 정치적 도구로 이용할 가능성이 농후하기 때문이다. 헌법 제57조는 국회에서 그러하지 못하도록 하는 보완장치로서의 성격도 가지고 있다.

2. 생각해보기

01 국회는 예산안의 심의 · 확정권을 가지기 때문에 정부의 동의 없이 정부가 제출한 지출예산 각항의 금액을 증가하거나 새 비목을 설치할 수 있을까?

★

국회는 정부의 동의 없이 정부가 제출한 지출예산 각 항목의 금액을 증가시키거나 새 비목을 설치할 수 없다. 헌법 제57조가 그렇게 정하고 있다.

02 헌법 제57조의 규정은 정치적으로 어떠한 의미를 가지는 것일까?

★

만일 국회가 정부의 동의 없이 정부가 제출한 지출예산 각 항의 금액을 증가시키거나 새 비목을 설치할 수 있다면 국회의원은 자신의 지역구에 선심성 예산지출을 확대할 가능성이 높다. 그런 이유에서 헌법은 예산에 대해서는 정부와 국회가 상호견제 및 통제를 하라는 취지에서 제57조의 규정을 둔 것으로 보아야 한다.

제58조 국채의 모집

국채를 모집하거나 예산외에 국가의 부담이 될 계약을 체결하려 할 때에는 정부는 미리 국회의 의결을 얻어야 한다.

1. 조문의 의미

'국채'란 국가의 채무를 말한다. 국채의 모집이란 국가가 차입할 돈을 구하는 행위를 말하며, 국채의 발행이라고도 한다. 국채를 유가증권인 채권의 발행방식으로 모집하는 경우도 있는데, 그 채권증권을 국채라고도 한다. 헌법 제58조의 국채는 국가의 채무를 말한다.

국채를 모집하거나 예산 외에 국가의 부담이 될 계약을 체결할 때에는 국민의 동의를 얻어야 할 것이다. 그 이유는 국가의 채무는 현재 또는 미래의 국민이 부담할 몫이기 때문이다. 그런데 국민 개개인의 동의를 받는 것은 불가능하다. 그런 이유에서 정부는 미리 국회의 동의를 받으라는 것이다. '미리' 국회의 의결을 얻어야 하므로, 사후 의결은 인정되지 않는 것으로 해석하는 것이 옳다.

2. 생각해보기

01 국채를 모집하거나 예산 외의 국가의 부담이 될 계약을 체결하려 할 때에 정부가 국회의 사후 의결을 얻는 것은 가능할까?

★

국채를 모집하거나 예산 외의 국가의 부담이 될 계약을 체결하려 할 때에 정부가 국회의 사후 의결을 얻는 것은 허용되지 않고, 사전 의결을 얻는 것만 가능하다.

02 국가의 채무인 국채와 국가의 채무를 유가증권인 채권의 형태로 발행하는 경우 양자의 차이점은 무엇일까?

★

국가의 채무인 국채는 국가의 채무총액을 말한다. 그에 반해 국가의 채무가 유가증권의 형태로 발행되는 경우에도 국채라고 하는데, 이는 국가가 액면금액, 액면이자, 만기의 3요소를 갖추어 유가증권의 형태로 국민으로부터 자금을 조달할 것을 말한다.

제59조 조세법률주의

조세의 종목과 세율은 법률로 정한다. [**관련법률 : 국세기본법, 법인세법, 소득세법, 부가가치세법, 지방세법 등**]

1. 조문의 의미

'조세'란 국가 또는 지방자치단체가 재정수입을 조달할 목적으로 일정한 과세요건을 충족하는 자에게 직접적 반대급부 없이 부과하는 금전지급의무를 말한다. 조세를 세금이라고도 한다. 세금은 국민에게 부담이 된다. 그러나 국가는 국민의 세금 없이는 운영될 수 없다. 세금만으로 본다면 국가와 국민은 서로 원수지간이다.

국민에게 부담이 되는 세금을 함부로 부과하고 징수할 수는 없다. 그렇기에 헌법은 법률로써 하라는 것이다. 세법이 필요한 이유다. 세법은 세금과 관련된 모든 법률을 일컫는 강학상 용어이다. 구체적으로는 「국세기본법」, 「법인세법」, 「소득세법」, 「부가가치세법」 등 국세에 관한 법률과 지방세법 등의 법률로 이루어져 있다. 세법은 관계되는 법률만 20개가 넘는다. 세법이 어려운 이유다.

조세법의 2대 원칙으로는 '조세법률주의'와 '조세공평주의'가 있다. 자세한 내용은 세법 교재를 참고하기 바란다.

2. 생각해보기

01 세법이 정한 과세요건이 법률로 명확히 정해진 경우에는 조세법의 목적이나 내용이 국민의 기본권보장을 위한 헌법의 이념과 이를 뒷받침하는 헌법상 요구되는 제 원칙에 위배되어도 괜찮은 것일까?

★

조세법률주의에 의해 세법에서 과세요건을 법률로 명확히 정한 경우에도 조세법의 목적이나 내용이 국민의 기본권보장을 위한 헌법의 이념과 이를 뒷받침하는 헌법상 요구되는 제 원칙에 위배된 경우 해당 세법의 규정은 헌법에 위배되는 것으로 무효가 된다.

02 28년간의 결혼생활을 마치고 협의이혼하면서 재산분할을 청구하여 받은 재산액 중 상속세의 배우자 인적공제액을 초과하는 부분에 대하여 증여세를 부과하는 것은 조세법률주의에 합치하는 것일까?

★

28년간의 결혼생활을 마치고 협의이혼하면서 재산분할을 청구하여 받은 재산액 중 상속세의 배우자 인정공제액을 초과하는 부분에 대하여 증여세를 부과하는 것은 증여세의 본질에 반하여 증여라는 과세원인이 없음에도 증여세를 부과하는 것으로, 조세법률주의에 위배되어 헌법에 위배된다.

제60조 조약체결 · 비준 · 선전포고 등의 동의권

① 국회는 상호원조 또는 안전보장에 관한 조약, 중요한 국제조직에 관한 조약, 우호통상항해조약, 주권의 제약에 관한 조약, 강화조약, 국가나 국민에게 중대한 재정적 부담을 지우는 조약 또는 입법사항에 관한 조약의 체결 · 비준에 대한 동의권을 가진다.
② 국회는 선전포고, 국군의 외국에의 파견 또는 외국군대의 대한민국 영역 안에서의 주류에 대한 동의권을 가진다.

1. 조문의 의미

(1) 제60조 제1항

'조약'이란 국가 간에 체결되는 약정(계약)을 말한다. 헌법에 의해 체결 · 공포된 조약은 국내법과 동일한 효력이 있다. 조약의 체결 · 비준권은 대통령의 권한사항이다. 다만, 조약 중 상호원조 또는 안전보장, 국제조직, 우호통상항해, 주권의 제약, 강화, 재정적 부담, 입법사항에 관한 조약의 체결 · 비준에 대해서는 국회의 동의를 얻으라는 것이다. 그 이유는 헌법에 의해 체결 · 공포된 조약은 국내법과 같은 효력이 있는 것으로 조약의 체결은 입법행위와 다를 바 없기 때문이다.

(2) 제60조 제2항

'선전포고'란 특정한 국가에 대하여 전쟁의 개시를 알리는 국가의 일방적 의사표시를 말한다. '주류'란 군대가 특정 장소에 머물러 있는 것을 말한다. 선전포고, 국군의 외국에의 파견 또는 외국군대의 대한민국 영역 안에서의 주류에 관한 것은 대통령의 권한 사항이다. 대통령이 그 권한을 행사하려거든 국회의 동의를 얻으라는 것이다. 제60조 제2항은 대통령의 권한 행사에 대한 국회의 통제를 규정한 것이다.

2. 생각해보기

01 헌법 제60조 제1항은 중요한 조약체결에 대해서는 국회의 동의를 규정하고 있다. 헌법 제60조 제1항의 조약의 체결·비준에 대한 국회의 동의권으로부터 개별적인 국민들의 특정한 주관적 권리보장을 이끌어낼 수는 있을까?

★

헌법상 조약체결·비준에 대한 동의권은 국회에, 조약체결·비준권은 대통령에게 부여된 권리이다. 이는 국가기관 내부의 문제로 조약의 체결·비준에 대한 국회의 동의권으로부터 개별적인 국민의 특정한 주관적 권리보장을 이끌어낼 수는 없을 것이다.

02 헌법 제5조 제1항은 대한민국은 국제평화의 유지에 노력하고 침략적 전쟁을 부인한다고 규정하고 있다. 그럼에도 헌법 제60조 제2항은 대통령의 선전포고권을 규정하고 있는데, 이 규정은 어떠한 의미로 해석되어야 할까?

★

헌법은 대한민국이라는 국가를 떠나서는 존재할 수 없다. 헌법은 대한민국은 국제평화의 유지에 노력하고 침략전쟁을 부인한다고 하고 있지만, 이 또한 대한민국이라는 국가의 존재가 선행되어야 한다. 따라서 외국의 국가가 우리의 영토를 침해하거나 우리 국민의 신체의 안전을 위협하는 경우에는 대통령은 헌법의 수호자로서 선전포고를 하여야 할 것이고, 헌법은 이를 천명한 것이다.

제61조 국정감사권, 국정조사권

① 국회는 국정을 감사하거나 특정한 국정사안에 대하여 조사할 수 있으며, 이에 필요한 서류의 제출 또는 증인의 출석과 증언이나 의견의 진술을 요구할 수 있다.
② 국정감사 및 조사에 관한 절차 기타 필요한 사항은 법률로 정한다.

1. 조문의 의미

(1) 제61조 제1항

'국정감사'란 정부의 국정 전반에 대해 국회가 일반적・정기적으로 감사하는 것을 말한다. 국정감사는 상임위원장이 국회 운영위원회와 협의하여 작성한 감사계획서에 따라 진행한다.

'국정조사'란 특정한 국정 사안에 관하여 부정기적으로 조사하는 것을 말한다. 국정조사를 위해서는 국회가 재적의원 4분의 1이상의 요구가 있는 때에 가능하며, 특별위원회 또는 상임위원회로 하여금 국정의 특정사안에 관하여 국정조사를 하게 한다.

국정감사와 국정조사는 국민의 대리인인 국회가 정부의 국정 운영에 대해 감사하고 조사하는 것인데, 과연 우리나라 국회가 그 역할을 제대로 하고 있는지는 의문이다. 국민이 국정감사기간 중 정쟁에 몰입된 국회를 보면서 뉴스가 보기가 싫어지는 것은 차치하더라도 정치에 대한 환멸이 생겨나지는 않을까 걱정이 앞선다.

(2) 제61조 제2항

국정감사 및 국정조사의 절차 기타 필요한 사항은 「국정감사 및 조사에 관한 법률」에서 규정하고 있다. 국정감사 및 조사는 공개하는 것을 원칙으로 한다. 다만, 위원회의 의결로 달리 정할 수 있다. 국정감사 및 조사에 관한 자세한 내용은 「국정감사 및 조사에 관한 법률」의 규정을 참고하기 바란다.

2. 생각해보기

01 국정감사와 국정조사의 차이점은 무엇이 있는지 세 가지만 제시해 볼 수 있을까?

★

'국정감사'는 국회가 정부의 국정운영 전반에 대하여 일반적·정기적으로 감사할 수 있는 제도를 말한다. 그에 반해 '국정조사'는 정부의 국정운영에 대한 특정한 사안에 대하여 조사할 수 있는 제도를 말한다. 국정감사는 매년 정기적으로 수행하며, 소관 상임위원회별로 진행된다. 그에 반해 국정조사는 필요한 경우에 한하여, 특별위원회를 구성하여 실시한다.

02 국정감사는 매년 정기적으로 정부의 국정 운영 전반에 관하여 국회가 국민을 대신하여 감사업무를 수행하는 것을 말한다. 과연 우리나라의 국회에서 국정감사권은 제대로 작동하고 있는 것일까?

★

국회가 수행하는 국정감사는 일반적으로 TV를 통해 중계가 이루어지는데, 국정감사를 수행하는 국회는 국정에 대한 감사업무를 충실히 수행하기보다는 정쟁에 몰입된 경우가 일상이 되어버린 듯하다. 우리나라의 국정감사가 제대로 작동하는지 여부를 결론짓기 전에 국회의원 스스로가 먼저 되돌아 볼 대목이다.

제62조 국무총리 등의 출석요구

① 국무총리 · 국무위원 또는 정부위원은 국회나 그 위원회에 출석하여 국정처리상황을 보고하거나 의견을 진술하고 질문에 응답할 수 있다.
② 국회나 그 위원회의 요구가 있을 때에는 국무총리 · 국무위원 또는 정부위원은 출석 · 답변하여야 하며, 국무총리 또는 국무위원이 출석요구를 받은 때에는 국무위원 또는 정부위원으로 하여금 출석 · 답변하게 할 수 있다.

1. 조문의 의미

(1) 제62조 제1항

'국무총리'는 대통령의 명을 받아 행정 각부를 통할하는 대통령의 제1의 보좌기관이다. '국무위원'은 국무총리의 제청으로 대통령이 임명하는 국무회의의 구성원으로 일반적으로 행정각부의 장을 일컫는다. '정부위원'은 국무조정실의 실장 및 차장, 부 · 처 · 청의 차관 · 청장 · 차장 · 실장 · 국장 및 차관보 등을 말한다.

국무총리 · 국무위원 또는 정부위원은 국회나 그 위원회에 출석하여 국정처리상황을 보고하거나 의견을 진술하고 질문에 응답할 수 있다. 당연한 규정이다. 국가의 국정처리상황에 대해 국회에 보고하거나 의견을 진술하고 질문에 응답하는 것은 국민에 대해 하는 것과 다를 바 없기 때문이다.

(2) 제62조 제2항

국회나 그 위원회의 요구가 있을 때에는 국무총리 · 국무위원 또는 정부위원은 출석 · 답변하여야 한다. 제62조 제1항과 차이가 있는 점은 국회 또는 그 위원회의 요구가 있는 경우 국무총리 · 국무위원 또는 정부위원은 출석 · 답변할 의무가 있다는 것이다. 국무총리 등이 출석 · 답변할 수 없는 경우에는 국무위원이나 정부위원이 대신하게 할 수 있다.

2. 생각해보기

01 국회 또는 국회의 위원회에서 국무총리 · 국무위원 등의 출석 및 답변 요구를 한 경우 국무총리 등은 이를 거부할 수 있을까?

★

국회 또는 국회 위원회에서 국무총리 · 국무위원 · 정부위원에게 출석 및 답변 요구를 한 경우 국무총리 · 국무위원 · 정부위원은 국회에 출석하여 답변할 의무가 있다.

02 국회 또는 국회의 위원회의 국무총리 · 국무위원 등의 출석 및 답변요구는 왜 하는 것일까?

★

국회는 본질적이고 기본적인 권한은 입법권이다. 그에 더하여 헌법은 국회에 광범위한 권한을 부여하고 있는데, 그 핵심적 요소가 정부의 국정운영에 대한 감독 및 통제권이다. 국회 또는 국회의 위원회의 국무총리 · 국무위원 등의 출석 및 답변요구는 정부의 국정운영에 대한 국회의 감독 및 통제권의 일환으로 이루어지는 것이다.

제63조 국무총리 · 국무위원의 해임건의권

① 국회는 국무총리 또는 국무위원의 해임을 대통령에게 건의할 수 있다.
② 제1항의 해임건의는 국회 재적의원 3분의 1 이상의 발의에 의하여 국회재적의원 과반수의 찬성이 있어야 한다.

1. 조문의 의미

(1) 제63조 제1항

국회는 국무총리 또는 국무위원의 해임을 대통령에게 건의할 수 있다. 이를 국회의 국무총리 등에 대한 해임건의권이라고 한다. '국무총리 등의 해임건의권'은 말 그대로 건의권일 뿐이다. 대통령이 국회의 뜻과 맞지 않으면 해도 그만 안 해도 그만이다. 그렇더라도 대통령은 국회의 해임건의권을 무시할 수는 없을 것이다. 정치적으로 부담이 되기 때문이다.

(2) 제63조 제2항

국회가 국무총리 또는 국무위원의 해임건의권을 행사하려면 국회 재적의원 3분의 1 이상의 발의에 의하여 국회 재적의원 과반수의 찬성이 있어야 한다. 국회가 국무총리 · 국무위원에 대한 해임건의권을 행사하기 위해서는 국회의 합의 절차를 거치라는 뜻이다. 여당과 야당이 가진 의석 수에 비추어볼 때 만만치 않은 요건이다.

2. 생각해보기

01 국회가 헌법이 요구하는 요건을 충족하여 대통령에게 국무총리와 국무위원의 해임을 건의한 경우 대통령에게 행사한 경우 그러한 국회의 해임건의는 법적 구속력이 있는 것일까?

★

국회가 헌법이 요구하는 요건을 충족하여 대통령에게 국무총리와 국무위원의 해임을 건의한 경우 이는 단순한 국회의 해임건의권에 불과하다. 따라서 대통령은 국회의 국무총리 또는 국무위원의 해임건의권에 구속되지 않는다.

02 국무총리 또는 국무위원에 대한 국회의 해임건의를 위한 사유는 탄핵소추의 사유와 비교할 때 어떤 차이가 있을까?

★

국회의 국무총리 또는 국무위원에 대한 해임건의권은 일반적으로 정치적 목적에서 행해지는 경우가 대부분이다. 국회의 의사를 대통령이 무시할 수 없고, 그러한 경우에는 정치적 부담을 질 수 있기 때문이다. 그에 반해 국회의 탄핵소추는 고위공무원 등이 그 직무집행에 있어서 헌법이나 법률을 위배한 경우에 한하여 인정된다.

제64조 국회의 규칙제정권, 국회의원의 자격심사·제명권

① 국회는 법률에 저촉되지 아니하는 범위 안에서 의사와 내부규율에 관한 규칙을 제정할 수 있다.
② 국회는 의원의 자격을 심사하며, 의원을 징계할 수 있다.
③ 의원을 제명하려면 국회재적의원 3분의 2 이상의 찬성이 있어야 한다.
④ 제2항과 제3항의 처분에 대하여는 법원에 제소할 수 없다.

1. 조문의 의미

(1) 제64조 제1항

국회는 '법률에 저촉되지 아니하는 범위 안에서' 의사와 내부규율에 관한 규칙을 제정할 수 있다. 이를 '국회의 규칙제정권'이라고 한다. 규칙제정권은 국회뿐만 아니라 대법원, 선거관리위원회, 감사원 등에도 인정된다. 국회의 자율적 운영과 직무수행을 위함이다. 주의할 점은 '법률에 저촉되지 아니하는 범위 내에서' 국회는 의사와 내부규율에 관한 규칙제정권을 가진다는 것이다.

(2) 제64조 제2항

'자격심사'란 국회의원이 될 자격이 있는지 여부를 심사하는 것을 말한다. 국회는 의원의 자격에 이의가 있을 때에는 30명 이상의 연서로 의장에게 자격심사를 청구할 수 있고, 본회의에서 대상 의원의 자격 유무를 재적의원 3분의 2 이상의 찬성으로 의결한다.

'징계'는 국회법 제155조의 사유가 있는 경우 윤리특별위원회의 심사를 거쳐 그 의결로써 징계할 수 있다. 국회의원에 대한 징계는 경고, 사과, 출석정지, 제명이 있다.

과연, 국회가 국회의원의 자격을 심사하며, 징계사유가 있는 의원에 대해 징계를 하고 있는지는 돌아볼 일이다.

(3) 제64조 제3항

'제명'은 국회의원의 자격에서 제외하는 조치를 말한다. 제명은 국회의원에 대한 징계 중 가장 높은 수준의 것이다. 의원을 제명하려면 국회 재적의원 3분의 2이상의 찬성이 있어야 한다. 국회의원에 대한 징계와 제명은 국회의 자율에 맡기고 있는 것이 우리 헌법이다. 자율은 책임이 따른다. 과연 우리의 현실에서 국회의원의 제명이 있었는지 의문이다.

(4) 제64조 제4항

국회가 한 국회의원의 자격심사, 징계, 제명에 대해서는 법원에 제소할 수 없다. 헌법은 국회 스스로가 국회의원의 자격심사, 징계, 제명을 한 경우 그러한 국회의 처분을 받은 의원 등은 법원에 소송을 제기할 수 없다는 것이다. 국회가 자율적으로 결정한 일은 정치의 영역이니 사법부인 법원을 개입시키지 말라는 헌법의 뜻이다.

2. 생각해보기

01 국회의 의사절차나 입법절차에 헌법이나 법률의 규정을 명백히 위반한 흠이 있는 경우 헌법재판소는 그 의사절차 또는 입법절차에 대해 심사할 수 있을까?

★

아무리 국회라고 할지라도 국회의 의사절차나 입법절차에 헌법이나 법률의 규정을 명백히 위반한 흠이 있는 경우에는 헌법재판소가 그 의사절차 또는 입법절차에 대해 사법적 판단을 할 수 있다. 헌법재판소도 같은 견해이다.

02 헌법 제64조 제4항은 국회의 국회의원에 대한 징계처분에 대해서는 행정소송을 제기할 수 없도록 하고 있다. 그렇다면 지방의원에 대한 지방의회의 징계처분도 그러할까?

★

국회의원은 헌법기관이다. 따라서 '국회의원의 징계처분'은 「행정소송법」상 행정소송의 대상이 되지 아니한다. 그에 반해 지방의회의원은 헌법기관이 아닌 법률상 기관이고, 그들에 대한 '지방의회의 징계처분'은 행정청이 행한 구체적 사실에 대한 법집행으로서의 공권력의 행사에 해당한다. 따라서 지방의회의원에 대한 징계처분에 대해서 해당 의원은 행정소송을 제기할 수 있다.

제65조 탄핵소추권

① 대통령·국무총리·국무위원·행정각부의 장·헌법재판소 재판관·법관·중앙선거관리위원회 위원·감사원장·감사위원 기타 법률이 정한 공무원이 그 직무집행에 있어서 헌법이나 법률을 위배한 때에는 국회는 탄핵의 소추를 의결할 수 있다.
② 제1항의 탄핵소추는 국회재적의원 3분의 1 이상의 발의가 있어야 하며, 그 의결은 국회재적의원 과반수의 찬성이 있어야 한다. 다만, 대통령에 대한 탄핵소추는 국회재적의원 과반수의 발의와 국회재적의원 3분의 2 이상의 찬성이 있어야 한다.
③ 탄핵소추의 의결을 받은 자는 탄핵심판이 있을 때까지 그 권한행사가 정지된다.
④ 탄핵결정은 공직으로부터 파면함에 그친다. 그러나 이에 의하여 민사상이나 형사상의 책임이 면제되지는 아니한다.

1. 조문의 의미

(1) 제65조 제1항

'탄핵'이란 일반 사법절차로는 처벌이 어려운 고급공무원이나 법관 등에 대하여 국민의 대표기관인 국회가 헌법 또는 법률이 정하는 바에 의하여 처벌하거나 파면하는 것을 말한다. '소추'란 탄핵을 발의하는 것을 말한다. '탄핵소추'란 대통령 등 헌법과 법률이 정한 고위 공무원이 그 직무집행에 있어서 헌법이나 법률을 위반한 때에 국민의 대표기관인 국회가 탄핵을 발의하여 의결하는 것을 말한다.

탄핵소추가 의결되기 위해서는 대통령 등 고위공무원이 그 직무집행과 관련하여 헌법이나 법률을 위배하는 요건을 충족하여야 한다. 탄핵은 ① 발의, ② 국회의 의결, ③ 탄핵심판의 세 가지 절차로 이루어진다.

(2) 제65조 제2항

'탄핵소추'는 원칙적으로 국회재적의원 3분의 1 이상의 발의가 있어야 하며, 그 의결은 국회재적의원 과반수의 찬성이 있어야 한다.

대통령에 대한 탄핵소추는 '국회재적의원 과반수의 발의'와 '국회재적의원 3분의 2 이상의 찬성'이 있어야 한다. 대통령의 권한과 지위가 중차대하고, 대통령이 탄핵되는 경우 국정의 혼란은 불가피하기 때문에 보다 신중하라는 취지이다.

(3) 제65조 제3항

탄핵소추의 '의결'을 받은 자는 탄핵심판이 있을 때까지 그 권한행사가 정지된다. 주의할 점은 탄핵이 '발의'되었다고 하여 대통령 등 고위공무원의 권한행사가 정지되는 것이 아니라는 것이다. 탄핵소추에 대한 국회의 의결이 있어야 대통령 등 고위공무원의 권한행사가 정지된다. 대통령의 권한행사가 정지되면 국무총리가 권한을 대행하여 행사하게 되며, 그 다음 순위는 「정부조직법」에서 정하는 바에 따른다.

(4) 제65조 제4항

국회의 탄핵심판에 대한 청구가 있으면 헌법재판소는 그 심판에 대한 결정을 한다. 탄핵심판의 결정은 '인용결정'과 '기각결정'으로 구분할 수 있다. '인용결정'이란 청구인의 주장을 받아들이는 결정을 말한다. '기각결정'은 청구인의 주장을 받아들이지 않는 결정을 말한다.

탄핵심판에 대한 인용결정을 위해서는 헌법재판관 6인 이상의 찬성이 있어야 한다. 탄핵심판에 대한 인용결정이 있으면 대통령 등 고위공무원을 파면함에 그친다. 그렇다고 하여 탄핵심판의 피청구인에 대한 민사상 또는 형사상 책임이 면제되는 것은 아니다.

2. 생각해보기

01 대통령의 정치적 무능력, 정책 결정상의 잘못도 대통령에 대한 탄핵심판의 대상이 될 수 있을까?

★

헌법재판소는 대통령의 정치적 무능력, 성실한 직책수행의무의 불이행, 정책 결정상의 잘못 등은 대통령에 대한 탄핵심판의 사유로 보고 있지 아니한다.

02 헌법이 추구하고 있는 적법절차의 원칙은 대통령의 탄핵심판의 청구를 위한 국회의 의결 과정에서도 반드시 준수되어야 하는 것일까?

★

'적법절차의 원칙'이란 모든 국가기관의 행위는 적법한 절차를 따라야 한다는 원칙을 말한다. 적법절차의 원칙은 국회, 법원, 행정기관 등도 구속하는 헌법 원칙이지만, 대통령에 대한 탄핵심판의 절차에 대해서는 적용되지 아니한다. 헌법재판소의 견해도 이와 같다.

03 헌법재판소 재판관 중 1인 또는 2인이 임기만료로 퇴임하여 헌법재판관의 수가 7인 또는 8인이 되는 경우에도 탄핵심판청구에 대한 헌법재판소의 인용결정은 가능할까?

★

'탄핵심판의 인용결정'은 탄핵심판의 청구가 이유 있는 경우로서 헌법재판소에서 탄핵을 결정할 때에는 헌법재판관 6인 이상의 찬성이 있어야 한다. 따라서 헌법재판관이 7인 또는 8인이 되는 경우에도 탄핵심판을 심리 · 결정하는 데에는 아무런 문제가 없다.

04 대통령이 형사상 범죄로 인하여 탄핵이 된 경우 그 대통령은 탄핵결정 후 범죄구성요건을 충족한 경우에는 별도로 형사책임을 부담하는 것일까?

★

'탄핵결정'은 공직으로부터 파면함에 그친다. 그러나 이에 의하여 민사상이나 형사상 책임이 면제되지는 아니한다. 따라서 대통령이 헌법재판소로부터 탄핵결정이 이루어진 후에도 형법상 범죄구성요건을 충족한 경우에는 당연히 형사책임을 질 수 있다.

제2장

정부

[제1절 대통령]

제66조 대통령의 지위, 책무, 의무, 행정권의 귀속

① 대통령은 국가의 원수이며, 외국에 대하여 국가를 대표한다.
② 대통령은 국가의 독립・영토의 보전・국가의 계속성과 헌법을 수호할 책무를 진다.
③ 대통령은 조국의 평화적 통일을 위한 성실한 의무를 진다.
④ 행정권은 대통령을 수반으로 하는 정부에 속한다.

1. 조문의 의미

(1) 제66조 제1항

'원수'란 국가의 최고 통치자이며, 국제법상 외국에 대하여 국가를 대표하는 기관을 말한다. 대통령은 국가의 원수이며, 외국에 대하여 국가를 대표한다. 국가의 통치구조는 삼권분립에 기초하여 입법부인 국회, 행정부에 해당하는 정부, 사법부인 법원으로 구성되어 있다.

정부는 다시 대통령과 행정부로 구분할 수 있는데, 대통령은 국가의 통치구조의 정점에 있는 최고의 권력기관이다.

(2) 제66조 제2항

'책무'란 직무에 따른 책임(responsibility)이나 의무(obligation)를 말한다. 국가의 독립 · 영토의 보전 · 국가의 계속성과 헌법의 수호는 대통령의 당연한 의무이자 책임이다. 국가와 헌법이 유지되는 경우에만 대통령도 그 존재의의가 있기 때문이다.

(3) 제66조 제3항

'통일'은 한민족이 반드시 이루어야 할 사명이며 숙제이다. 대통령은 통일이 평화적으로 달성될 수 있도록 성실한 의무를 진다. 대한민국의 헌정사에서 통일을 진정 바라고 조국의 평화적 통일을 위해 노력한 대통령이 얼마나 있었는지는 생각해 볼 일이다.

(4) 제66조 제4항

'행정'이란 입법작용과 사법작용을 제외한 국가의 통치작용을 말한다. 행정권이란 그러한 국가의 통치작용을 행사할 수 있는 권한을 말한다. '수반'이란 반열 가운데 으뜸가는 자리, 즉 우두머리라는 뜻이다. 행정권은 대통령을 수반으로 하는 정부에 속한다. 행정권의 귀속은 대통령을 우두머리로 하여 정부에 있다는 뜻이다.

2. 생각해보기

01 정부의 형태를 구성하는 원리는 이론적으로 다양한 방식이 있는데, 이론적인 정부형태론에는 어떠한 것들이 있을까?

★

'정부형태'를 구성하는 이론적 방법에는 대통령제, 의원내각제, 이원정부제가 대표적이다. 그 외에도 이론적으로는 이 3가지 제도를 조합하여 다양한 형태의 정부형태를 만들 수 있을 것이다. 우리나라도 대통령제를 기반으로 하지만 의원내각제의 요소인 국무총리제를 두고 있는 것이 그 한 예가 될 것이다.

02 헌정사적 관점에서 우리나라는 건국헌법(제헌헌법)에서부터 현재에 이르기까지 계속하여 대통령제를 고수하고 있다. 헌정사에서 대통령을 직선제(직접선거)로 선출한 경우와 간선제(간접선거)로 선출한 경우로 구분한 경우를 구분해 볼 수 있을까? (참고로 대한민국 헌법은 제헌헌법 이후 현행헌법까지 제9차에 걸쳐 개정이 있었다.)

★

대한민국에서 대통령을 국민의 직접선거의 방식(직선제)으로 선출한 것은 제1차 개정헌법(1952년), 제5차 개정헌법(1962년) 및 제9차 개정헌법(1987년)의 세 번이다. 건국헌법에서 현행 헌법인 제9차 개정헌법(1987년)에 이르기까지 나머지 개헌에서는 간접선거의 방식(간선제)으로 대통령을 선출하였다.

제67조 대통령의 선출

① 대통령은 국민의 보통·평등·직접·비밀선거에 의하여 선출한다.
② 제1항의 선거에 있어서 최고득표자가 2인 이상인 때에는 국회의 재적의원 과반수가 출석한 공개회의에서 다수표를 얻은 자를 당선자로 한다.
③ 대통령후보자가 1인일 때에는 그 득표수가 선거권자 총수의 3분의 1 이상이 아니면 대통령으로 당선될 수 없다.
④ 대통령으로 선거될 수 있는 자는 국회의원의 피선거권이 있고 선거일 현재 40세에 달하여야 한다.
⑤ 대통령의 선거에 관한 사항은 법률로 정한다. [**관련법률 : 공직선거법**]

1. 조문의 의미

(1) 제67조 제1항

현행헌법은 제9차 개정헌법으로 1987년에 탄생하였다. 현행 헌법상 대통령은 선거를 통해 국민이 직접 선출한다. 대통령은 국민의 보통·평등·직접·비밀선거에 의하여 선출한다. 대통령선거에서도 국회의원선거와 마찬가지로 보통선거의 원칙, 평등선거의 원칙, 직접선거의 원칙, 비밀선거의 원칙에 의한다. 국회의원선거와 다른 점은 평등선거의 원칙에서 선거구획정과 관련된 문제는 발생하지 않는다는 것이다. 그 이유는 대한민국 전체가 하나의 선거구가 되기 때문이다.

(2) 제67조 제2항

대통령선거에 있어서 최고득표자가 2인 이상이 될 수도 있다. 후보자가 여럿일 수 있기 때문이다. 최고득표자가 2인 이상인 경우 대통령당선자는 어떻게 정할 것인지의 문제가 생겨난다. 헌법은 국회에서 대통령당선자를 정하라고 하고 있다. 국회 재적의원 과반수가 출석한 공개회의에서 다수표를 얻은 자가 대통령에 당선된다.

(3) 제67조 제3항

대통령후보자가 1인일 때에는 대통령당선자를 어떻게 정할 것인가의 문제도 만만치 않다. 헌법은 대통령에 당선되기 위해서는 최소한의 국가와 국민에 대한 대표성은 가져야 한다고 본다. 그 득표수가 '선거권자 총수'의 3분의 1이상은 되어야 한다는 것이다. 헌법은 후보자가 1인인 경우 선거권자 총수의 3분의 1이상은 되어야 대통령에 당선될 수 있다고 한다.

(4) 제67조 제4항

대통령은 국가의 원수이며, 외국에 대하여 국가를 대표하는 국가의 통치구조의 정점에 있는 헌법기관이다. 대통령이 되기 위해서는 「공직선거법」에서 정한 피선거권의 결격사유가 있어서는 안 되며, 나이도 40세 이상은 되어야 한다. 대통령이 되기 위해서는 자신이 살아온 과정에서 중대한 결격사유가 있어서는 안 되며, 국가를 대표할 만한 최소한의 경륜은 가져야 한다는 뜻이다.

(5) 제67조 제5항

대통령선거에 관한 자세한 내용을 헌법에서 규정할 수는 없다. 대통령선거에 관해서는 「공직선거법」에서 구체적 내용을 규정하고 있으므로, 그 내용을 참고하기 바란다.

2. 생각해보기

01 대통령으로 당선되어 임기가 시작된 경우 대통령은 국민전체에 대한 봉사자로서 헌법기관의 지위를 가지게 되는데, 일반 국민인 사인으로서의 지위도 함께 가지는 것일까?

★

대통령은 대한민국 국민으로서의 지위와 행정부의 수반이며 외국에 대해 국가를 대표하는 헌법기관으로서의 지위를 모두 가지고 있다. 이를 '이중적 지위'라고 한다. 대통령이 대한민국 국민으로서 기본권의 주체가 되는 것은 당연하다. 또한 행정부의 수반이며 외국에 대해 국가를 대표하는 헌법기관으로서의 지위도 아울러 가진다.

02 대통령선거에서 당선된 대통령당선자가 아직 임기를 개시하지 않은 경우 그 대통령당선자를 상대로 한 국회의 탄핵심판의 청구는 가능할까?

★

헌법은 제65조 제1항은 대통령 등 고위공무원이 그 직무집행에 있어서 헌법이나 법률을 위반한 경우에는 국회는 탄핵소추를 의결할 수 있다고 규정하고 있다. '대통령당선자'는 대통령으로서 직무집행을 할 수 없으므로, 그 직무집행에 있어서 헌법이나 법률을 위배할 수 없다. 따라서 대통령당선자에 대한 탄핵심판의 청구는 인정되지 아니한다.

제68조 후임대통령의 선거

① 대통령의 임기가 만료되는 때에는 임기만료 70일 내지 40일 전에 후임자를 선거한다. [**관련법률 : 공직선거법**]
② 대통령이 궐위된 때 또는 대통령 당선자가 사망하거나 판결 기타의 사유로 그 자격을 상실한 때에는 60일 이내에 후임자를 선거한다.

1. 조문의 의미

(1) 제68조 제1항

헌법은 대통령의 임기가 만료되는 때에는 '임기만료 70일 내지 40일 전'에 후임자를 선거한다고 규정하고 있다. 임기만료로 인한 대통령선거일을 헌법은 명확히 정하지 않고 선거일의 범위만 정했다.

대통령선거일을 확정할 필요가 있다. 그런 이유에서 「공직선거법」은 임기만료로 인한 대통령선거는 그 임기만료일 전 70일 이후 첫 번째 수요일에 치르도록 하고 있다.

(2) 제68조 제2항

'궐위'란 대통령이 취임한 후 사망 또는 사임하여 대통령직이 비어 있는 경우 또는 취임 후 피선자격의 상실 또는 판결 기타의 이유로 자격을 상실한 때를 말한다. '사고'란 대통령의 재임 중 신병・해외순방 등으로 직무를 수행할 수 없는 경우와 탄핵소추의 의결로 권한 행사가 정지된 경우를 말한다.

대통령이 궐위된 때 또는 대통령 당선자가 사망하거나 판결 기타의 사유로 그 자격을 상실한 때에는 60일 이내에 후임자를 선거한다.

2. 생각해보기

01 대통령이 궐위되거나 사고로 인하여 직무를 수행할 수 없는 경우에는 대통령의 권한대행은 어떻게 정해지는 것일까?

★

대통령이 궐위되거나 사고로 인하여 직무를 수행할 수 없는 경우에는 '국무총리'가 그 권한을 대행한다. 다만, 국무총리가 궐위 또는 사고로 직무를 수행할 수 없는 경우에는 「정부조직법」상 행정각부의 서열순위에 의해 기획재정부장관, 교육부장관의 순서로 대통령의 직무를 대행하게 된다.

02 대통령이 자신의 재신임을 국민투표의 방식으로 묻고자 하는 것은 가능한 것일까?

★

헌법 제72조는 대통령은 필요하다고 인정할 때에는 외교 · 국방 · 통일 기타 국가안위에 관한 중요정책을 국민투표에 붙일 수 있다고 규정하고 있다. 이를 대통령의 국민투표부의권이라고 한다. 대통령의 '국민투표부의권'은 헌법 제72조에서 규정한 중요정책에 한정된다. 따라서 자신의 재신임을 국민투표의 방식으로 묻고자 하는 것은 허용되지 아니한다.

03 대통령이 궐위된 때 또는 대통령당선자가 사망하거나 판결 기타의 사유로 그 자격을 상실한 경우에는 60일 이내에 후임자의 대통령선거를 해야 한다. 이때 후임자선거를 통하여 당선된 자의 임기는 어떻게 정해지는 것일까?

★

대통령이 궐위된 때 또는 대통령당선자가 사망하거나 판결 기타의 사유로 그 자격을 상실한 경우에는 60일 이내에 후임자의 대통령선거를 해야 하며, 이 경우에는 국민투표에 의해 대통령으로 '당선이 확정된 때'에 곧바로 5년의 대통령의 임기가 개시된다.

제69조 취임선서

대통령은 취임에 즈음하여 다음의 선서를 한다.
"나는 헌법을 준수하고 국가를 보위하며 조국의 평화적 통일과 국민의 자유와 복리의 증진 및 민족문화의 창달에 노력하여 대통령으로서의 직책을 성실히 수행할 것을 국민 앞에 엄숙히 선서합니다."

1. 조문의 의미

헌법은 대통령에게 취임에 즈음하여 제69조에서 규정하고 있는 선서를 할 의무를 부여하고 있다. 대통령의 취임선서는 어떠한 의미를 가지는 것일까? 대통령의 취임선서는 단순한 선언적 의미가 아니라, 국민과의 약속이며 대통령의 헌법적 책무를 구체화하고 강조하는 실체적 내용을 가진 규정으로 해석하여야 한다.

2. 생각해보기

01 헌법 제69조의 대통령의 취임선서에서 정하고 있는 '대통령의 성실한 직책수행의무'는 법원 또는 헌법재판소에 의한 사법적 판단이 대상이 되는 것일까?

★

헌법 제69조의 대통령의 취임선서에서 정하고 있는 '대통령의 성실한 직책수행의무'는 법원 또는 헌법재판소에 의한 사법적 판단, 즉 탄핵심판의 대상이 되지 아니한다.

02 세월호참사로 인하여 많은 국민이 사망하였고 그에 대한 대통령의 대응조치가 미흡하고 부적절한 면이 있었는데, 이를 이유로 곧바로 대통령이 국민의 생명권 보호의무를 위반한 것으로 볼 수 있을까?

★

세월호참사로 인하여 많은 국민이 사망하였고 그에 대한 대통령의 대응조치가 미흡하고 부적절한 면이 있었는데, 이를 이유로 곧바로 대통령이 국민의 생명권 보호의무를 위반한 것으로 볼 수는 없다.

제70조 임기·중임제한

대통령의 임기는 5년으로 하며, 중임할 수 없다.

1. 조문의 의미

'중임'이란 임기가 끝나거나 임기 중에 개편이 있을 때 거듭 그 자리에 임용하는 것을 말한다. '연임'이란 원래 정해진 임기를 다 마친 뒤에 다시 계속하여 그 직위에 머무는 것을 말한다. 대통령의 임기는 5년으로 하며 중임할 수 없다. 헌법은 대통령의 임기를 5년단임제로 하고 있다.

임기 중에 헌법개정이 있는 경우 개정된 헌법으로 대통령은 중임이 가능할까? 안 된다. 헌법 제128조 제2항 때문이다. 대통령의 임기연장 또는 중임변경을 위한 헌법개정은 그 헌법개정 제안 당시의 대통령에 대하여는 효력이 없다. 독재정권에 대한 반성에서 나온 헌법조항이다.

2. 생각해보기

01 헌정사에서 대통령의 중임제한을 철폐한 경우가 두 번 있다. 몇 차 개헌때 그러하였을까?

★

아픈 우리의 헌정사이다. 헌정사에서 대통령의 중임제한을 철폐한 경우가 두 번 있는데, 2차 개정헌법(1954년)과 7차 개정헌법(1972년)이 그러하다. 한 번은 이승만 시절이었으며, 또 한번은 박정희 시절이었다.

02 임기 중의 대통령이 국민투표에 의해 헌법을 개정하여 자신의 임기연장 또는 중임변경을 하면 임기연장 또는 중임이 가능할까?

★

헌법은 제128조 제2항에서 이를 안 된다고 천명하고 있다. 조문의 내용은 다음과 같다. "대통령의 임기연장 또는 중임변경을 위한 헌법개정은 그 헌법개정 제안 당시의 대통령에 대하여는 효력이 없다."

제71조 대통령의 권한대행

대통령이 궐위되거나 사고로 인하여 직무를 수행할 수 없을 때에는 국무총리, 법률이 정한 국무위원의 순서로 그 권한을 대행한다. [**관련법률 : 정부조직법**]

1. 조문의 의미

'궐위'란 대통령이 취임한 후 사망 또는 사임하여 대통령직이 비어 있는 경우 또는 취임 후 피선자격의 상실 또는 판결 기타의 아유로 자격을 상실한 때를 말한다. '사고'란 대통령의 재임 중 신병·해외순방 등으로 직무를 수행할 수 없는 경우와 탄핵소추의 의결로 권한행사가 정지된 경우를 말한다.

대통령의 궐위 또는 사고가 있는 경우 대통령은 직무수행을 할 수 없다. 이 경우에는 대통령의 권한을 대행하는 자가 필요하다. 대통령의 권한대행 순서로 헌법은 '국무총리'만 명시하고 있고 그 다음 순위는 「정부조직법」에서 정하고 있다. 대통령의 권한대행은 국무총리, 기획재정부장관, 교육부장관의 순으로 한다. 「정부조직법」에 따른 행정각부의 서열에 따른 것이다.

2. 생각해보기

01 대통령이 해외순방을 하는 경우도 헌법이 규정하는 사고에 해당하여 대통령의 권한대행이 필요할까?

★

대통령이 해외순방을 하는 경우 이는 '사고'에 해당한다. 따라서 대통령이 해외순방을 하는 경우에는 헌법 제71조가 정하는 바에 따라 대통령의 권한은 그 직무대행자가 수행한다.

02 대통령과 국무총리가 모두 해외순방 중인 경우 대통령의 권한대행은 누가 하는 것일까?

★

대통령과 국무총리가 모두 해외순방 중인 경우에는 「정부조직법」에 따라 기획재정부장관이 대통령의 권한을 대행한다. 만일 기획재정부장관이 그 권한을 대행할 수 없는 경우에는 교육부장관이 권한을 대행한다.

제72조 중요정책의 국민투표부의권

대통령은 필요하다고 인정할 때에는 외교·국방·통일 기타 국가안위에 관한 중요정책을 국민투표에 붙일 수 있다.

1. 조문의 의미

'부의'란 붙이는 것을 말한다. 대통령은 필요하다고 인정할 때에는 외교·국방·통일 기타 국가 안위에 관한 중요정책을 국민투표에 붙일 수 있다. 이를 대통령의 '국민투표부의권'이라고 한다. 국민투표부의권은 외교·국방·통일 기타 국가 안위에 관한 중요정책에 한정된다. 그런 이유에서 중요정책에 대한 대통령의 국민투표부의권이라고 한다.

2. 생각해보기

01 대통령이 외교 · 국방 · 통일 기타 국가 안위에 관한 중요정책이 아닌 자신의 재신임을 국민투표에 붙이는 것은 현행 헌법상 가능할까?

★

헌법 제72조에 따라 대통령이 국민투표에 붙일 수 있는 것은 외교 · 국방 · 통일 기타 국가안위에 관한 '중요정책'에 한정된다. 따라서 대통령이 자신의 재신임을 국민투표에 붙이는 것은 현행 헌법상 불가능하다.

02 대통령이 국가의 중요정책에 대해 국민투표부의권을 행사하면 국민투표는 어떠한 절차로 실시되는 것일까?

★

대통령이 국민투표부의권을 행사하여 국민투표를 실시하는 경우에는 ① 헌법개정안의 공고 → ② 국회의 의결 → ③ 국민투표의 실시 → ④ 헌법개정의 확정 및 공포의 절차를 거쳐 이루어진다.

제73조 조약체결 · 비준권, 선전포고 · 강화권

대통령은 조약을 체결 · 비준하고, 외교사절을 신임 · 접수 또는 파견하며, 선전포고와 강화를 한다.

1. 조문의 의미

'비준'이란 헌법상 조약체결권을 가지는 자가 국가간에 체결된 조약을 최종적으로 확인하고 동의하는 절차를 말한다. '선전포고'란 상대국에 대해 전쟁의 개시를 알리는 의사표시를 말한다. '강화'란 휴전협정을 말한다.

대통령의 조약체결 · 비준권, 선전포고와 강화권은 '국무회의의 심의'를 거쳐 '국회의 동의'를 얻어야 한다.

2. 생각해보기

01 대통령이 조약을 체결하고 비준하는 경우 국무회의의 심의는 반드시 거쳐야 하는 것일까?

★

국무회의는 정부의 중요한 정책에 대한 심의·의결하는 헌법기관이다. 헌법 제89조는 국무회의의 심의사항에 대해 규정하고 있다. 대통령이 조약을 체결하고 비준하는 경우 이는 국무회의의 필수적 심의사항이다.

02 헌법 제5조 제1항에서는 "대한민국은 국제평화의 유지에 노력하고 침략적 전쟁을 부인한다."고 규정하고 있다. 그렇다면 과연 우리나라의 대통령이 선전포고를 하고 다른 나라와 전쟁을 하는 것은 헌법적으로 정당화되는 것일까?

★

어려운 문제이다. 대통령의 선전포고를 통한 전쟁이 외세의 침략으로부터 대한민국을 수호하기 위한 것이라면 헌법상 정당화될 것이다. 그러나 그렇지 않은 경우에는 헌법상 국제평화주의에 위배되는 대통령의 권한행사가 될 것이다.

제74조 국군통수권

① 대통령은 헌법과 법률이 정하는 바에 의하여 국군을 통수한다. [**관련법률 : 국군조직법**]
② 국군의 조직과 편성은 법률로 정한다. [**관련법률 : 국군조직법**]

1. 조문의 의미

(1) 제74조 제1항

'통수'란 지휘하고 운용하는 것을 말한다. 대통령은 헌법과 법률이 정하는 바에 의하여 국군을 통수한다. 대통령은 국군을 지휘하고 운용하는 권한을 가진다. 이를 대통령의 '국군통수권'이라고 한다.

대통령에게 국군통수권이 없다면, 군대가 정치에 개입하고 관여할 가능성이 높다. 그런 이유에서 헌법은 대통령에게 국군통수권을 부여한 것이다.

(2) 제74조 제2항

국군의 조직과 편성에 관해서는 「국군조직법」에서 정하고 있다. 대한민국 국군은 육군 · 해군 · 공군으로 조직되어 있다. 각 군에는 '참모총장'이 있으며, 국방부에는 합동참모본부가 설치되어 '합동참모의장'의 지휘 아래 각 군에 대한 군사와 훈련이 조율된다.

2. 생각해보기

01 선전포고 및 국군의 해외파병을 하는 경우 대통령은 국회의 동의 없이 임의로 선전포고 및 국군의 해외파병을 할 수 있을까?

★

헌법 제60조 제2항은 "국회는 선전포고, 국군의 외국에의 파견 또는 외국군대의 대한민국 영역 안에서의 주류에 대해서는 동의권을 가진다"고 규정하고 있다. 선전포고 및 국군의 해외파병을 하는 경우 대통령이 국회의 동의 없이 임의로 선전포고 및 국군의 해외파병을 하는 것은 불가능하다.

02 대통령의 군사에 관한 중요한 사항에 대해서는 행정부 내부적으로 국무회의의 심의를 거쳐야 하는 것일까?

★

'군사에 관한 중요한 사항'은 헌법 제89조에서 규정하고 있는 국무회의의 심의사항이다. 따라서 군사에 관한 사항에 대해서 대통령은 반드시 국무회의의 심의를 거쳐야 한다.

제75조 대통령령

대통령은 법률에서 구체적으로 범위를 정하여 위임받은 사항과 법률을 집행하기 위하여 필요한 사항에 관하여 대통령령을 발할 수 있다.

1. 조문의 의미

법률을 제정하거나 개정하는 권한은 삼권분립에 기초하여 국회에 있다. 현대사회에서 국가를 운영하는 것은 국회의 입법만으로는 한계가 있다. 헌법 제75조는 국회입법의 한계를 인정하고 법률에서 구체적으로 범위를 정하여 위임받는 사항과 법률을 집행하기 위하여 필요한 사항에 관하여 대통령으로 하여금 '대통령령'이라는 형식의 행정입법을 할 수 있도록 하고 있다. 이를 법체계적 관점에서는 명령(법규명령)이라고 한다.

대통령령(명령, 법규명령)은 법률에서 구체적으로 범위를 정하여 위임받은 사항인 '위임명령'과 법률을 집행하기 위하여 필요한 사항을 정하는 '집행명령'으로 구분할 수 있다. 법규명령인 대통령령은 국회가 제정한 법률 보다는 하위의 효력을 갖는다. 법체계상 당연하다.

한편, 행정입법은 대통령령, 총리령, 부령으로 구분할 수 있다. 총리령과 부령은 대통령령의 하위규범으로 헌법 제95조에서 규정하고 있다. 이를 '행정위임입법'이라고도 한다.

2. 생각해보기

01 헌법은 제75조와 제95조에서 행정입법으로 대통령령, 총리령, 부령을 규정하고 있는데, 이러한 행정입법은 헌법에서 열거하고 있는 것에 한정될까? 아니면 예시적인 것으로 보아야 할까?

★

헌법은 제75조와 제95조에서 행정입법으로 대통령령, 총리령, 부령을 규정하고 있는데, 이러한 '행정입법'은 헌법에서 열거하고 있는 것에 한정하지 않는다. 따라서 헌법 제75조와 제95조에서 규정한 행정입법의 종류는 예시적인 것으로 보아야 한다.

02 법규명령 중 위임명령의 경우 그 위임의 방식에 있어서 일반적·포괄적 위임을 하는 것은 헌법에 비추어 볼 때 가능할까?

★

법규명령은 '위임명령'과 '집행명령'으로 구분할 수 있다. 이 중 '위임명령'은 법률에서 구체적으로 범위를 정하여 위임한 사항을 말한다. 법률의 규정을 대통령령에 위임하는 경우 개별적·구체적 위임은 가능하지만, 일반적·포괄적 위임은 허용되지 아니한다.

03 대통령령이 법률에서 위임받은 사항을 전혀 규정하지 아니하고, 이를 부령에 그대로 위임하는 것은 헌법에 비추어 볼 때 가능할까?

★

대통령령이 법률에서 위임받은 사항을 전혀 규정하지 아니하고, 이를 부령에 그대로 위임하는 것은 법체계의 정당성의 원리에 반하고, 상위법령이 없이 하위법령을 제정하는 것으로, 헌법상 허용되지 아니한다.

04 헌법이 정한 법규명령, 즉 위임명령과 집행명령 외에도 행정부는 훈령, 예규, 통칙 등의 행정규칙을 정하여 행정행위를 하고 있는데 그러한 행정규칙의 법원성은 인정되는 것일까?

★

'행정규칙'은 행정기관 내부의 조직 · 활동 등을 규율하기 위한 규정을 말한다. 행정규칙의 법원성은 원칙적으로 인정되지 아니한다. 다만, 행정규칙이 상위법령의 내용을 구체화하기 위한 것으로서 국민의 권리 의무에 영향을 미치는 경우에는 법원성이 인정될 수 있다.

제76조 긴급재정·경제처분명령권, 긴급명령권

① 대통령은 내우·외환·천재·지변 또는 중대한 재정·경제상의 위기에 있어서 국가의 안전보장 또는 공공의 안녕질서를 유지하기 위하여 긴급한 조치가 필요하고 국회의 집회를 기다릴 여유가 없을 때에 한하여 최소한으로 필요한 재정·경제상의 처분을 하거나 이에 관하여 법률의 효력을 가지는 명령을 발할 수 있다.
② 대통령은 국가의 안위에 관계되는 중대한 교전상태에 있어서 국가를 보위하기 위하여 긴급한 조치가 필요하고 국회의 집회가 불가능한 때에 한하여 법률의 효력을 가지는 명령을 발할 수 있다.
③ 대통령은 제1항과 제2항의 처분 또는 명령을 한 때에는 지체없이 국회에 보고하여 그 승인을 얻어야 한다.
④ 제3항의 승인을 얻지 못한 때에는 그 처분 또는 명령은 그때부터 효력을 상실한다. 이 경우 그 명령에 의하여 개정 또는 폐지되었던 법률은 그 명령이 승인을 얻지 못한 때부터 당연히 효력을 회복한다.
⑤ 대통령은 제3항과 제4항의 사유를 지체없이 공포하여야 한다.

1. 조문의 의미

(1) 제76조 제1항

대통령의 긴급재정경제처분·명령에 관한 조항이다. 대통령의 긴급재정경제처분·명령은 국가의 '재정·경제상 위기상황'이어야 한다. 대통령의 긴급한 조치가 필요하여야 한다. '국회의 집회를 기다릴 여유가 없을 때'에 한정하여 발하여야 한다.

'긴급재정경제처분'은 대통령이 하는 처분(행정행위)이다. 그에 반해 '긴급재정경제명령'은 명령이지만 법률의 효력을 갖는다. 국가의 재정·경제상 위기상황에 대통령에게 긴급한 재정경제처분을 할 수 있도록 함과 동시에 법률의 효력을 가지는 긴급재정경제명령을 발할 수 있도록 함으로써 국가 위기상황을 잘 극복할 수 있도록 하기 위함이다.

(2) 제76조 제2항

제76조 제2항은 대통령의 긴급명령에 관한 조항이다. 다만, 제76조 제1항은 국가의 재정·경제상의 위기상황에 발하는 것임에 반해, 제76조 제2항은 국가의 안위에 관계되는 중대한 교전 상태에서 발하는 것이라는 점에서 커다란 차이가 있다.

대통령이 제76조 제2항의 긴급명령을 발하기 위해서는 '국가의 안위에 관계되는 중대한 교전 상태'에 있어서 국가를 보위하기 위한 것이어야 한다. '국회의 집회가 불가능'하여야 한다. 이러한 요건이 충족되어 대통령이 발하는 긴급명령은 법률의 효력을 가진다.

(3) 제76조 제3항

대통령이 국가의 재정경제상의 위기상황에서 발하는 긴급재정경제처분·명령을 발하는 경우 또는 국가의 안위에 관계되는 중대한 교전 상태에서 국가를 보위하기 위하여 긴급명령을 발하는 경우에는 지체없이 국회에 보고하여 그 승인을 얻어야 한다. 이때 국회에 대한 승인은 '사후승인'의 성격을 갖는다. 국회의 승인은 국민의 승인과 다를 바 없기 때문이다.

(4) 제76조 제4항

대통령의 긴급재정경제처분·명령(제76조 제1항) 또는 긴급명령(제76조 제2항)에 대해 국회의 승인을 얻지 못한 때에는 그 처분 또는 명령은 그때부터 효력이 상실된다. 또한 그 명령에 의하여 개정 또는 폐지되었던 법률은 그 명령이 국회의 승인을 얻지 못한 때부터 당연히 효력을 회복하게 된다. 대통령의 긴급재정경제처분·명령 또는 긴급명령이 정당성을 상실하였기 때문이다.

(5) 제76조 제5항

대통령의 긴급재정경제처분·명령(제76조 제1항) 또는 긴급명령(제76조 제2항)에 대해 국회의 승인을 얻거나 또는 승인을 얻지 못한 경우에는 그 사유를 지체없이 공포하여야 한다. 그 승인 또는 승인을 얻지 못한 것을 국민에게 알리라는 것이다.

2. 생각해보기

01 국가의 재정 · 경제상의 위기가 있는 경우 대통령이 발하는 긴급재정경제명령은 법률의 효력이 있을까? 아니면 법규명령의 효력이 있을까?

★

국가의 재정 · 경제상의 위기가 있는 경우에 대통령이 발하는 '긴급재정경제명령'은 법규명령이 아닌 '법률'로서의 효력이 인정된다.

02 대통령의 긴급재정경제명령으로 인해 국민의 기본권이 직접적으로 침해되는 경우 국민의 헌법소원심판의 청구는 가능할까?

★

대통령의 긴급재정경제명령으로 인해 국민의 기본권이 직접적으로 침해되는 경우 이는 공권력의 행사에 의한 국민의 기본권에 대한 구체적 침해가 있는 것으로 그 침해를 받은 국민은 헌법소원심판을 청구할 수 있다.

03 국가의 안위에 관계되는 중대한 교전상태에 있어서 국가를 보위하기 위하여 긴급한 조치가 필요하고, 국회의 집회를 기다릴 여유가 없을 때 대통령은 법률의 효력을 가지는 명령을 발할 수 있을까?

★

국가의 안위에 관계되는 중대한 교전상태에 있어서 국가를 보위하기 위하여 긴급한 조치가 필요하고 국회의 집회가 불가능한 때에 대통령은 법률의 효력을 가지는 명령을 발할 수 있다. 이를 대통령의 '긴급명령권'이라고 하며, 긴급명령권은 '국회의 집회가 불가능한 때에 한하여' 발할 수 있다.

제77조 계엄선포권

① 대통령은 전시·사변 또는 이에 준하는 국가비상사태에 있어서 병력으로써 군사상의 필요에 응하거나 공공의 안녕질서를 유지할 필요가 있을 때에는 법률이 정하는 바에 의하여 계엄을 선포할 수 있다. [**관련법률 : 계엄법**]
② 계엄은 비상계엄과 경비계엄으로 한다.
③ 비상계엄이 선포된 때에는 법률이 정하는 바에 의하여 영장제도, 언론·출판·집회·결사의 자유, 정부나 법원의 권한에 관하여 특별한 조치를 할 수 있다. [**관련법률 : 계엄법**]
④ 계엄을 선포한 때에는 대통령은 지체없이 국회에 통고하여야 한다.
⑤ 국회가 재적의원 과반수의 찬성으로 계엄의 해제를 요구한 때에는 대통령은 이를 해제하여야 한다.

1. 조문의 의미

(1) 제77조 제1항

'계엄'이란 국가의 비상사태가 발생한 경우 대통령이 병력으로써 국민의 기본권 등에 대한 예외적인 조치를 할 수 있는 것을 말한다. 대통령은 전시·사변 또는 이에 준하는 국가비상사태에 있어서 병력으로써 군사상의 필요에 응하거나 공공의 안녕질서를 유지할 필요가 있을 때에는 법률이 정하는 바에 의하여 계엄을 선포할 수 있다.

대통령의 '계엄선포권'은 국가긴급권의 일종이라는 점에는 헌법 제76조의 긴급명령권과 같지만, 국민의 기본권을 제한할 수 있는 점에서 커다란 차이가 있다.

(2) 제77조 제2항

계엄은 '비상계엄'과 '경비계엄'으로 구분할 수 있다.

'비상계엄'이란 전시·사변 또는 이에 준하는 국가 비상사태에서 적과 교전상태에 있거나 사회질서가 극도로 혼란하여 행정 및 사법기능의 수행이 현저히 곤란한 경우에 군사상의 필요에 의하거나 공공의 안녕질서를 유지하기 위해 선포한다.

'경비계엄'이란 전시 · 사변 또는 이에 준하는 국가 비상사태에서 사회질서가 교란되어 일반 행정기관만으로는 치안을 확보할 수 없는 경우에 선포한다.

(3) 제77조 제3항

'경비계엄'은 치안을 유지하는 것에 그 목적이 있다. 그에 반해 '비상계엄'은 행정 및 사법기능의 통제와 국민의 기본권을 제한한다. 따라서 그 방법과 내용은 「계엄법」에서 구체적으로 정하고 있다.

(4) 제77조 제4항

'계엄선포권'은 대통령의 권한사항이다. 그렇다고 하여 대통령이 계엄을 선포한 경우 혼자만의 권한행사가 되어서는 안 된다. 국회의 대통령의 권한행사에 대한 통제는 대통령이 계엄선포를 하는 경우에도 작동되어야 한다. 그런 이유에서 헌법 제77조 제4항은 계엄을 선포한 때에는 대통령은 지체없이 국회에 통고하도록 하고 있다.

(5) 제77조 제5항

대통령이 계엄을 선포한 경우에도 대통령의 생각과 국회의 생각은 다를 수 있다. 국회가 재적의원 과반수의 찬성으로 계엄의 해제를 요구한 때에는 대통령은 이를 해제하여야 한다. 대통령은 국회의 뜻을 따르라는 것이다. 국회의 뜻을 따르는 것이 국민의 뜻을 따르는 것이기 때문이다.

2. 생각해보기

01 대통령이 계엄을 선포한 경우는 물론 계엄을 해제한 경우에도 국회에 통고해야 하는 것일까?

★

대통령은 헌법에서 정한 요건을 충족한 경우에는 계엄법에 따라 계엄을 선포할 수 있다. 계엄을 '선포'한 때에는 국회에 통고하여야 한다. 그러나 계엄을 '해제'한 때에는 국회에 통고할 필요가 없다. 양자의 차이점에 주목하기 바란다.

02 대통령의 비상계엄의 선포가 국헌문란의 목적을 달성하기 위하여 행하여진 경우 그러한 대통령의 행위는 사법심사의 대상이 되는 것일까?

★

대통령의 '계엄선포권'은 통치행위의 일종으로 원칙적으로 사법심사의 대상이 되지 아니한다. 다만, 대통령의 비상계엄의 선포가 국헌문란의 목적을 달성하기 위하여 행하여진 경우 그러한 대통령의 행위는 사법심사의 대상이 된다. 전두환씨를 생각하면 쉽다.

제78조 공무원임면권

대통령은 헌법과 법률이 정하는 바에 의하여 공무원을 임면한다. [**관련법률 : 국가공무원법**]

1. 조문의 의미

'임면'이란 임명하고 면직하는 것을 말한다. 대통령은 헌법과 「국가공무원법」이 정하는 바에 의하여 공무원을 임명하고 면직할 수 있는 권한을 가진다. 면직에는 파면 외에 휴직, 전직, 징계처분 등이 모두 포함된다.

대통령은 행정부의 공무원에 대한 독점적인 인사권을 가진다. 「국가공무원법」에 따르면 행정기관 소속 5급 이상의 공무원 및 고위 공무원단에 속하는 일반직 공무원은 소속 장관의 제청으로 인사혁신처장과 협의를 거친 후 대통령이 임명한다.

2. 생각해보기

01 대통령에게 헌법 제78조가 헌법과 법률이 정하는 바에 따라 공무원의 임면권을 부여한 이유는 무엇일까?

★

대통령에게 헌법 제78조가 헌법과 법률이 정하는 바에 따라 공무원의 임면권을 부여한 이유는 대통령은 국가의 원수이며, 행정부의 수반이기 때문이다.

02 대통령은 공무원임면권을 행사하여 법적으로 임기가 보장된 검찰총장을 해임할 수 있을까?

★

대통령은 공무원임면권을 행사하여 법적으로 임기가 보장된 검찰총장을 해임하는 것은 허용되지 않는다고 보아야 한다.

제79조 사면 · 감형 · 복권에 관한 권한

① 대통령은 법률이 정하는 바에 의하여 사면 · 감형 또는 복권을 명할 수 있다. [**관련법률 : 사면법**]
② 일반사면을 명하려면 국회의 동의를 얻어야 한다.
③ 사면 · 감형 및 복권에 관한 사항은 법률로 정한다. [**관련법률 : 사면법**]

1. 조문의 의미

(1) 제79조 제1항

'사면'이란 범죄인에 대하여 형벌권의 전부 또는 일부를 면제하는 것을 말한다. '감형'이란 형의 선고를 받은 자에 대하여 형의 양을 감경시켜주는 것은 말한다. '복권'이란 법률상 일정한 자격이나 권리가 상실된 자에 대해 그 자격이나 권리를 회복시켜 주는 것을 말한다.

대통령은 「사면법」이 정하는 바에 의하여 사면 · 감형 또는 복권을 명할 수 있다. 이를 대통령의 사면 · 복권 · 감형에 관한 권한이라고 한다.

(2) 제79조 제2항

사면에는 일반사면과 특별사면이 있다. '일반사면'이란 특정한 범죄를 저지른 사람의 모든 형을 면제하는 것을 말한다. '특별사면'이란 이미 형의 선고를 받은 사람 중에서 특별히 선별하여 형을 면제하는 것을 말한다. 특별사면과 달리 대통령이 '일반사면'을 명하려면 국회의 동의를 얻어 대통령령으로 행하여야 한다.

(3) 제79조 제3항

사면 · 감형 또는 복권에 관한 사항은 「사면법」에서 구체적으로 정하고 있다. 대통령이 사면 · 감형 또는 복권에 관한 권한을 행사하기 위해서는 국무회의의 심의를 거쳐야 한다. 그리고 '일반사면'은 반드시 국회의 동의를 얻어야 하지만, '특별사면 · 감형 또는 복권'은 국회의 동의는 필요하지 않다. 대통령의 사면 · 감형 또는 복권에 관한 자세한 내용은 「사면법」을 참고하기 바란다.

2. 생각해보기

01 사면에는 일반사면과 특별사면이 있다. 대통령이 일반사면과 특별사면을 명하는 경우 절차상 차이점에는 무엇이 있을까?

★

'일반사면'은 죄를 범한 자에 대하여 공소권을 소멸시키거나 형의 선고의 효력을 상실하게 하는 것을 말한다. '특별사면'은 특정한 범죄를 범한 자에 대하여 형의 선고의 효력을 상실하게 하는 것을 말한다. 대통령이 일반사면을 하기 위해서는 국무회의의 심의를 거친 후 국회의 동의를 얻어야 한다. 그러나 특별사면을 하는 경우에는 국회의 동의는 필요하지 않고 국무회의의 심의를 거치는 것으로 충분하다.

02 사면 · 복권 또는 감형이 있는 경우 이미 선고된 형의 효력에 대해서는 어떠한 영향을 미칠까?

★

사면 · 복권 또는 감형이 있는 경우 이미 선고된 형의 효력에 대해서는 영향이 없다. 이를 기성의 효과에는 영향이 없다고도 표현한다. 이미 지은 죄나 선고된 내용은 사면 · 복권 또는 감형이 있는 경우에도 소멸되지 않고 그대로 남아 있다는 뜻이다.

03 복권은 형의 집행이 끝나지 아니한 자 또는 형의 집행이 면제되지 아니한 자에 대해서도 할 수 있을까?

★

'복권'은 형의 집행이 끝나지 아니한 자 또는 형의 집행이 면제되지 아니한 자에 대해서는 할 수 없다. 따라서 복권이 인정되기 위해서는 형의 집행이 끝나거나, 형의 집행이 면제되어야 한다.

제80조 영전수여권

대통령은 법률이 정하는 바에 의하여 훈장 기타의 영전을 수여한다. [**관련법률 : 상훈법**]

1. 조문의 의미

'훈장'이란 국민 또는 외국인 중 국가를 위하여 뚜렷한 공적을 세운 사람에게 그 공로를 기리기 위해 나라에서 주는 휘장을 말한다. '영전'이란 국가에 뚜렷한 공적을 세운 사람에게 그 공적을 치하하기 위하여 인정한 특수한 법적 지위를 말한다.

대통령은 「상훈법」이 정하는 바에 의하여 훈장 기타의 영전을 수여한다. 이를 대통령의 영전수여권이라고 한다. 대통령이 영전을 수여하기 위해서는 국무회의의 심의를 거쳐야 한다. 영전수여에 관한 자세한 내용은 「상훈법」을 참고하기 바란다.

2. 생각해보기

01 국가에 대한 공로가 인정되어 훈장이나 영전을 받은 자를 제외한 후손에 대해서도 선조의 훈장이나 영전의 효력은 인정되는 것일까?

★

국가에 대한 공로가 인정되어 훈장이나 영전을 받은 자를 제외한 후손에 대해서는 선조의 훈장이나 영전의 효력은 인정되지 아니한다. '영전일대의 원칙' 때문이다.

02 국가유공자의 후손에 대해 「상훈법」에서 부가연금을 지급하도록 한 규정은 헌법상 영전일대의 원칙에 위배되는 것일까?

★

국가유공자의 후손에 대해 「상훈법」에서 부가연금을 지급하도록 한 규정은 헌법상 영전일대의 원칙에 위배되지 아니한다.

제81조 국회발언 · 의견표시권

대통령은 국회에 출석하여 발언하거나 서한으로 의견을 표시할 수 있다.

1. 조문의 의미

대통령은 국회에 출석하여 발언하거나 서면으로 의견을 표시할 수 있다. 국회에 출석하여 발언하거나 서면으로 의견을 표시하는 것은 대통령의 재량행위이다. 따라서 대통령이 반드시 그러할 필요는 없지만, 필요하다면 그러할 권한을 행사할 수 있다.

2. 생각해보기

01 대통령이 국회에 출석하여 발언하거나 서한으로 의견을 표시하는 것은 대통령의 기속행위일까? 재량행위일까?

★

'기속행위'란 의무가 되는 행위를 말한다. '재량행위'란 해도 그만 안해도 그만인 행위, 즉 할 수 있는 행위를 말한다. 대통령이 국회에 출석하여 발언하거나 서한으로 의견을 표시하는 것은 대통령의 재량행위이다.

02 대통령이 국회에 출석하여 발언을 하는데, 야당 의원이 모두 출석하지 않는 경우 그 야당 의원에게 법적 책임은 있는 것일까?

★

대통령이 국회에 출석하여 발언을 하는데, 야당 의원이 모두 출석하지 않는 경우 그 야당 의원에게 법적 책임은 인정되지 아니한다. 국회의원이 대통령이 발언하는 국회에 출석할 의무는 없기 때문이다.

제82조 문서주의

대통령의 국법상 행위는 문서로써 하며, 이 문서에는 국무총리와 관계 국무위원이 부서한다. 군사에 관한 것도 또한 같다.

1. 조문의 의미

'국법상 행위'란 국가의 법률이나 법규에 관계되는 행위를 말한다. '군사에 관한 행위'란 군대·군비·전쟁 등의 군에 관한 업무를 수행하는 행위를 말한다. 대통령이 국법상 행위를 하거나 군사에 관한 행위를 하는 경우에는 반드시 문서로써 하여야 한다. '부서'란 함께 서명하는 것을 말한다. 대통령의 문서에 의한 행위에 대해서는 국무총리와 관계 국무위원이 부서하여야 한다.

대통령의 국법상 행위 또는 군사에 관한 행위에 대해 헌법이 문서주의를 규정한 것은 역사에 기록을 남기고자 하는 것이며, 대통령의 행위에 대한 책임소재를 분명히 하기 위한 것이다.

2. 생각해보기

01 대통령이 국법상 행위를 하는 경우에는 문서로써 하여야 한다. 그렇다면 군사에 관한 행위를 하는 경우에도 반드시 문서로써 하여야 할까?

★

대통령의 '국법상 행위'는 문서로써 하여야 한다. '군사에 관한 행위'도 반드시 문서로써 하여야 한다. 문서주의는 국법상 행위 또는 군사에 관한 행위를 함에 있어 신중을 기하라는 취지이며, 그 책임소재를 명확히 하기 위함이다.

02 대통령의 국법상 행위는 문서로써 하며, 이 문서에는 국무총리와 관계 국무위원이 부서한다. 이때 부서는 무엇일까?

★

'부서'는 문서의 옆에 자신의 직책을 적고 서명을 하는 행위를 말한다. 헌법은 대통령의 국법상 행위는 대통령 혼자서 한 것이 아니니, 국무회의의 부의장과 관계 국무위원이 부서하도록 한 것이다. 신중을 기하도록 하고, 그 책임소재를 명확히 하기 위함이다.

제83조 겸직금지

대통령은 국무총리·국무위원·행정각부의 장 기타 법률이 정하는 공사의 직을 겸할 수 없다.

1. 조문의 의미

대통령은 국무총리·국무위원·행정각부의 장 기타 법률이 정하는 공사의 직을 겸할 수 없다. 이를 대통령의 '겸직금지의무'라고 한다. 헌법이 당연한 것을 규정한 것이다. 이 조항이 생겨나게 된 것은 헌정사에서 발생한 두 번의 쿠데타와 관련이 있다. 이제는 우리나라도 민주주의의 성숙도가 높은 나라이니 삭제해도 될 조항으로 보인다.

2. 생각해보기

01 대통령이 겸직을 하는 것은 현실적으로 과연 가능할까?

★

헌법상 대통령의 권한은 열거하기 힘들 정도로 많다. 그럼에도 대통령이 겸직을 하는 것은 가능할까? 불가능하다고 본다. 대통령 당선 후 백발이 된 미국의 오바마 대통령을 생각하면 답이 쉽지 않을까 한다.

02 아직 임기가 많이 남아 있는 국회의원이 대통령의 직을 겸하는 것은 가능할까?

★

국회의원이 국무총리 또는 국무위원의 직을 겸하는 것은 헌법에서 가능하다고 한다. 그러나 국회의원이 대통령의 직을 겸하는 것은 허용되지 않는 것으로 보아야 할 것이다.

제84조 불소추특권

대통령은 내란 또는 외환의 죄를 범한 경우를 제외하고는 재직 중 형사상의 소추를 받지 아니한다.

1. 조문의 의미

'내란죄'란 정부에 반대하여 일정한 규모와 조직을 갖추고 무력을 행사함으로써 성립하는 범죄를 말한다. '외환죄'란 국가의 대외적 안정을 해침으로써 성립하는 범죄를 말한다. 대통령은 내란 또는 외환의 죄를 범한 경우를 제외하고는 형사상의 소추를 받지 아니한다. 이를 대통령의 '불소추특권'이라고 한다.

대통령에게 불소추특권이 부여된 것은 대통령이라는 특수한 직책의 원활한 수행을 보장하고 그 권위를 확보하여 국가의 체면과 권위를 유지하여야 할 실제상의 필요가 있기 때문이다. 불소추특권에 의해 대통령은 재직 중에는 내란 또는 외환의 죄를 범한 경우를 제외하고는 형사소추가 불가능하다. 그러나 퇴직 후에는 형사소추가 가능하다.

2. 생각해보기

01 대통령이 재직 전 또는 재직 중 내란 또는 외환의 죄가 아닌 다른 범죄행위가 있는 경우 퇴직 후에는 형사소추가 가능할까?

★

대통령의 '불소추특권'은 재직 중에만 인정되는 특권이다. 따라서 대통령이 재직 전 또는 재직 중 내란 또는 외환의 죄가 아닌 다른 범죄행위가 있는 경우에는 퇴직 후에 형사소추를 하는 것은 가능하다. 우리나라 전직 대통령의 예를 생각하면 쉬울 것이다.

02 대통령의 재직 중에 형사초추가 불가능한 범죄에 대하여 과연 공소시효는 정지되는 것일까? 계속 진행되는 것일까?

★

'공소시효의 정지'란 공소권을 행사할 수 있는 시효기간이 더 이상 진행되지 않고 멈추는 것을 말한다. 대통령의 재직 중에 형사소추가 불가능한 범죄에 대하여 그 재직기간 중에는 공소시효가 더 이상 진행되지 않고 정지된다.

제85조 전직대통령의 예우

전직대통령의 신분과 예우에 관하여는 법률로 정한다. [**관련법률 : 전직대통령 예우에 관한 법률**]

1. 조문의 의미

전직대통령의 신분은 존중되어야 할 것이며 전직대통령에 대해는 응분의 대우를 할 필요가 있다. 전직대통령의 신분과 예우에 관하여는 「전직대통령 예우에 관한 법률」에서 규정하고 있다.

예우의 내용으로는 연금지급, 기념사업의 지원, 경호 및 경비의 지원 등이 있다. 한편, 재직 중 탄핵결정을 받아 퇴임한 경우, 금고 이상의 형이 확정된 경우, 대한민국의 국적을 상실한 경우 등 법률에서 정한 사유가 있는 경우에는 전직대통령으로서의 예우를 하지 아니한다. 다만, 경호 및 경비의 지원 등은 제외한다.

2. 생각해보기

01 우리 헌정사에서 전직대통령은 퇴임 후 불행한 일을 겪는 경우가 많았다. 과연 이런 일은 반복되어야 하는 것일까?

★

당연히 반복되어서는 안 되는 일이다. 그리고 그리되지 않기를 바란다. 그럼에도 불구하고 그러한 일이 반복하는 것은 정치를 너무 법적으로 접근하기 때문일 것이다. 정치도 사람이 하는 일이라, 사람이 살아가는 데 너무 많은 법이 개입하는 것은 바람직하지 않다는 것이 저자의 생각이다. 법도 사람이 만든 것이기 때문이다.

02 우리 헌정사에서 쿠데타를 일으켜 대통령이 된 전두환씨는 왜 아직도 전직 대통령으로서의 경호를 받고 있는 것일까?

★

「전직대통령 예우에 관한 법률」 제7조에서는 탄핵 결정을 받아 퇴임한 경우, 금고 이상의 형이 선고된 경우 등에는 전직 대통령으로서의 예우를 하지 아니한다. 다만, 경호 및 경비업무는 제외한다고 규정하고 있다. 예외조항 때문이다.

[제2절 행정부]

제1관 국무총리와 국무위원

제86조 국무총리의 임명·권한

① 국무총리는 국회의 동의를 얻어 대통령이 임명한다.
② 국무총리는 대통령을 보좌하며, 행정에 관하여 대통령의 명을 받아 행정각부를 통할한다.
③ 군인은 현역을 면한 후가 아니면 국무총리로 임명될 수 없다.

1. 조문의 의미

(1) 제86조 제1항

'국무총리'는 국회의 동의를 얻어 대통령이 임명한다. 이때 국회의 동의는 국회 재적의원 과반수의 출석과 출석의원 과반수의 찬성으로 한다. 국무총리의 임명권자는 대통령이며, 임명을 위해서는 국회의 동의를 반드시 얻어야 한다.

국무총리의 겸직금지에 대해서 헌법은 명문의 규정을 두고 있지 않지만, 「국회법」은 국무총리는 국회의원의 직을 겸할 수 있다고 본다.

(2) 제86조 제2항

'국무총리'는 대통령을 보좌하며, 행정에 관하여 대통령의 명을 받아 행정각부를 통할한다. 따라서 행정권은 헌법상 대통령에게 귀속되며, 국무총리는 대통령의 첫째가는 보좌기관으로서 행정에 관하여 독자적인 권한을 가지지 못하고 대통령의 명을 받아 행정각부를 통할하는 국가기관으로서의 지위만 가진다. 국무총리는 행정에 관한 독자적인 권한을 가지지 못하는 점에 주목할 필요가 있다.

(3) 제86조 제3항

군인은 현역을 면한 후가 아니면 국무총리로 임명될 수 없다. 이 조항은 군인의 지위를 가진 자는 국무총리가 되지 못한다는 뜻이다. 만일 군인의 지위를 가진 자가 국무총리가 되는 경우에는 군인의 정치적 중립성이 훼손될 염려가 크고, 군에 의한 정치개입의 문제가 발생할 소지가 크기 때문이다. 역사의 가르침이 헌법에 내려앉은 규정이다.

2. 생각해보기

01 국무총리제를 두고 있는 헌법의 규정은 일반적인 대통령제에서 흔히 볼 수 있는 것일까?

★

'국무총리제'는 일반적으로 의원내각제에서 인정되는 방식이다. 우리나라는 대통령제를 채택하고 있음에도 불구하고 국무총리제를 둔 것은 대통령의 보좌기관이 필요하였기 때문일 것이다.

02 헌정사에서 국무총리제는 제헌(건국)헌법에서부터 현재의 헌법(제9차 개정헌법)에 이르기까지 계속 유지되어 온 것일까?

★

국무총리제는 건국헌법(1948년)에서 현행 헌법(1987년)에 이르는 과정에서 '제2차 개정헌법(1954년)'에서만 폐지되었다. 헌정사의 나머지 과정에서 국무총리제는 계속 유지되었다.

03 국무총리는 행정부에 속하는 헌법기관으로서 행정에 관한 독자적인 권한을 가지는 것일까?

★

헌법 제86조 제2항은 국무총리는 대통령을 보좌하며, 행정에 관하여 대통령의 명을 받아 행정각부를 통할한다고 규정하고 있다. 따라서 헌법상 국무총리는 행정에 관해서는 독자적인 권한을 가지지 못하는 대통령의 보좌기관으로 보아야 할 것이다.

제87조 국무위원의 임명, 권한, 해임건의

① 국무위원은 국무총리의 제청으로 대통령이 임명한다.
② 국무위원은 국정에 관하여 대통령을 보좌하며, 국무회의의 구성원으로서 국정을 심의한다.
③ 국무총리는 국무위원의 해임을 대통령에게 건의할 수 있다.
④ 군인은 현역을 면한 후가 아니면 국무위원으로 임명될 수 없다.

1. 조문의 의미

(1) 제87조 제1항

'국무위원'이란 국무회의의 구성원이 되는 자를 말한다. '제청'이란 적합한 인물을 추천(천거)하는 것을 말한다. 국무위원은 국무총리의 제청으로 대통령이 임명한다.

국무위원과 헌법 제94조의 행정각부의 장(장관)은 구별할 필요가 있다. 행정각부의 장은 국무위원이 되지만, 모든 국무위원이 행정각부의 장이 되어야 하는 것은 아니다. 현행 헌법은 행정각부의 장이 아닌 자를 국무위원으로 임명할 수 있는 가능성을 열어두고 있다.

(2) 제87조 제2항

'국무위원'은 국정에 관하여 대통령을 보좌하며, 국무회의의 구성원으로서 국정을 심의한다. 국무위원은 대통령을 보좌하지만 국정에 관하여 보좌하는 점에서 일반적인 보좌권을 가진 국무총리와 구별된다.

'국무회의'는 국정을 논의하는 회의체 기구로서, 국무위원은 국무회의의 구성원으로서 국정을 심의한다. 국무위원이 국무회의에 출석하지 못할 때에는 각 부·처의 차관이 대리하여 출석한다. 이때 차관은 국무회의에서 발언할 수는 있지만, 표결할 수는 없다.

(3) 제87조 제3항

'국무총리'는 국무위원의 임명에 대한 제청권을 가진다. 또한 국무위원의 해임을 대통령에게 건의할 수도 있다.

한편, 국회는 국무총리와 국무위원의 해임을 대통령에게 건의할 수 있다.

(4) 제87조 제4항

군인은 현역을 면한 후가 아니면 국무위원으로 임명될 수 없다. 이 조항은 군인의 지위를 가진 자는 국무위원이 될 수 없다는 뜻이다. 군인의 정치적 중립성을 확보하기 위한 취지이다.

2. 생각해보기

01 헌법상 국무위원은 모두 행정각부의 장이 되어야 하는 것일까?

★

헌법은 행정각부의 장이 아닌 자가 국무위원이 될 수 있는 길을 열어두고 있다. 헌법상 행정각부의 장이 아닌 국무위원은 있을 수 있다. 그러나 「정부조직법」상 국무위원과 행정각부의 장은 일치한다. 현행 법체계에서는 행정각부의 장이 아닌 국무위원은 있을 수 없다.

02 국무총리는 국무위원에 대한 해임건의권을 가진다. 그렇다면 국무총리가 국무위원의 임명에 대한 제청권도 가지는 것일까?

★

헌법 제87조 제1항은 국무위원은 국무총리의 제청으로 대통령이 임명한다고 규정하고 있다. 국무총리는 국무위원과 행정각부의 장의 임명에 대한 제청권을 가진다.

제2관 국무회의

제88조 국무회의의 권한, 구성, 의장·부의장

① 국무회의는 정부의 권한에 속하는 중요한 정책을 심의한다.
② 국무회의는 대통령·국무총리와 15인 이상 30인 이하의 국무위원으로 구성한다.
③ 대통령은 국무회의의 의장이 되고, 국무총리는 부의장이 된다.

1. 조문의 의미

(1) 제88조 제1항

'국무회의'는 정부의 권한에 속하는 중요한 정책을 심의한다. 국무회의는 그 설치를 헌법이 명시적으로 규정하고 있기 때문에 헌법상 필수기관이다. 따라서 헌법을 개정하지 아니하고는 국무회의를 폐지할 수 없다.

(2) 제88조 제2항

'국무회의'는 대통령·국무총리와 15인 이상 30인 이하의 국무위원으로 구성한다. 「정부조직법」은 모든 국무위원은 행정각부의 장이 되고, 행정각부의 장은 국무위원이 되며, 18인의 행정각부의 장 겸 국무위원을 두고 있다. 헌법이 행정각부의 장이 아닌 자가 국무위원이 될 수 있는 길을 열어둔 점과 차이가 있다.

(3) 제88조 제3항

대통령과 국무총리는 국무회의의 구성원은 아니지만 '대통령'은 국무회의의 의장이 되고, '국무총리'는 부의장이 된다. 국무회의는 구성원 '과반수의 출석'과 '출석구성원 3분의 2이상의 찬성'으로 의결한다. 국무회의는 직접 출석하여 회의를 진행하는 것이 원칙이지만, 원격영상회의 방식으로도 진행할 수 있다.

2. 생각해보기

01 국무회의를 폐지하기 위해서는 헌법개정의 절차가 반드시 필요할까?

★

'국무회의'는 정부의 권한에 속하는 중요한 정책을 심의한다. 국무회의는 헌법 제88조와 제89조가 정한 헌법상 필수기관이다. 따라서 국무회의를 폐지하기 위해서는 헌법개정의 절차가 반드시 필요하다.

02 국무위원과 행정각부의 장의 지위에 대해 헌법과 「정부조직법」은 어떤 차이를 두고 있을까?

★

현행 「정부조직법」은 국무위원은 행정각부의 장이고, 행정각부의 장은 국무위원이 되도록 하고 있다. 「정부조직법」상 국무위원과 행정각부의 장은 차이가 없다.

03 행정각부의 장을 대리하여 차관이 국무회의에 출석한 경우 그 차관은 국무회의에서 표결에 참여할 수 있을까?

★

행정각부의 장을 대리하여 차관이 국무회의에 출석한 경우 그 '차관'은 국무회의에서 발언을 할 수 있다. 다만, 표결에는 참여할 수 없다. 그 이유는 차관은 국무위원이 아니기 때문이다.

제89조 국무회의의 심의사항

다음 사항은 국무회의의 심의를 거쳐야 한다.
1. 국정의 기본계획과 정부의 일반정책
2. 선전·강화 기타 중요한 대외정책
3. 헌법개정안·국민투표안·조약안·법률안 및 대통령령안
4. 예산안·결산·국유재산처분의 기본계획·국가의 부담이 될 계약 기타 재정에 관한 중요사항
5. 대통령의 긴급명령·긴급재정경제처분 및 명령 또는 계엄과 그 해제
6. 군사에 관한 중요사항
7. 국회의 임시회 집회의 요구
8. 영전수여
9. 사면·감형과 복권
10. 행정각부간의 권한의 획정
11. 정부안의 권한의 위임 또는 배정에 관한 기본계획
12. 국정처리상황의 평가·분석
13. 행정각부의 중요한 정책의 수립과 조정
14. 정당해산의 제소
15. 정부에 제출 또는 회부된 정부의 정책에 관계되는 청원의 심사
16. 검찰총장·합동참모의장·각군참모총장·국립대학교총장·대사 기타 법률이 정한 공무원과 국영기업체관리자의 임명
17. 기타 대통령·국무총리 또는 국무위원이 제출한 사항

1. 조문의 의미

'심의'란 심사하고 토의하는 것을 말한다. 헌법 제89조의 제1호에서 제17호에 해당하는 사항에 대해서는 반드시 국무회의의 심의를 거쳐야 한다. 혹시 시험을 치른다면 제15호와 제16호에 주목할 필요가 있다. 국무회의의 심의는 재량행위가 아닌 '기속행위'이다. 따라서 헌법 제89조에서 정한 사항은 반드시 국무회의 심의가 필요하다.

2. 생각해보기

01 대통령령과 총리령·부령·훈령의 안은 국무회의의 심의를 반드시 거쳐야 하는 것일까?

★

헌법 제89조는 국무회의의 필수적 심의사항을 규정하고 있다. 법규명령 중 '대통령령안'은 국무회의의 심의를 반드시 거쳐야 하지만, '총리령안'과 '부령안'은 국무회의의 심의사항이 아니다. 제89조 제5호를 참고하기 바란다.

02 국군의 해외파병은 군사에 관한 중요한 사항으로 국무회의의 의결을 거쳐야 한다. 이러한 국무회의의 의결은 행정기관이 공권력의 행사로 헌법소원의 대상이 되는 것일까?

★

'국군의 해외파병에 대한 결정'은 고도의 정치적 의사결정이 필요한 통치행위의 일부로 보아야 한다. 그런 이유에서 헌법재판소도 국군의 해외파병의 결정에 대해서는 헌법재판소의 심판사항이 아니라고 결정한 바 있다.

제90조 국가원로자문회의

① 국정의 중요한 사항에 관한 대통령의 자문에 응하기 위하여 국가원로로 구성되는 국가원로자문회의를 둘 수 있다.
② 국가원로자문회의의 의장은 직전대통령이 된다. 다만, 직전대통령이 없을 때에는 대통령이 지명한다.
③ 국가원로자문회의의 조직·직무범위 기타 필요한 사항은 법률로 정한다. [**관련법률 : 국가원로자문회의법 – 폐지**]

1. 조문의 의미

(1) 제90조 제1항

국정의 중요한 사항에 관한 대통령의 자문에 응하기 위하여 국가 원로로 구성되는 국가원로자문회의를 둘 수 있다. '국가원로자문회의'는 임의기구이다. 둘 수도 있고, 두지 않을 수도 있다.

(2) 제90조 제2항

국가원로자문회의의 의장은 직전대통령이 된다. 다만, 직전대통령이 없을 때에는 대통령이 지명한다. 우리나라 정치사에서 직전대통령은 굴곡진 역사의 중심에 있다. 여러 가지 생각을 하게 만드는 조항이다.

(3) 제90조 제3항

국가원로자문회의의 조직·직무 범위 기타 필요한 사항은 법률로 정한다. 이를 위해 존재하였던 국가원로자문회의법은 1989년 3월 폐지되어 현재는 존재하지 않는다. 헌법 제90조가 과연 계속 존치되어야 할지 의문이다.

2. 생각해보기

01 대통령의 자문기구로 헌법은 어떠한 것을 두고 있으며, 그 중 현재 폐지된 자문회의는 무엇일까?

★

헌법은 제90조에서 제93조에 걸쳐 4개의 자문기구를 둘 수 있거나 두도록 하고 있다. 국가원로자문회의, 국가안전보장회의, 민주평화통일자문회의 및 국민경제자문회의가 그것이다. 이 중 '국가원로자문회'의는 그 근거법률인 「국가원로자문회의법」이 1989년 폐지되어 현재는 운영되지 않고 있다.

제91조 국가안전보장회의

① 국가안전보장에 관련되는 대외정책·군사정책과 국내정책의 수립에 관하여 국무회의의 심의에 앞서 대통령의 자문에 응하기 위하여 국가안전보장회의를 둔다.
② 국가안전보장회의는 대통령이 주재한다.
③ 국가안전보장회의의 조직·직무범위 기타 필요한 사항은 법률로 정한다. [**관련법률 : 국가안전보장회의법**]

1. 조문의 의미

(1) 제91조 제1항

헌법 제90조에서 제93조까지는 헌법상 회의체기구에 관한 규정이다. 국가원로자문회의, 국가안전보장회의, 민주평화통일자문회의, 국민경제자문회의가 있다. 이 중 유일한 필수기구가 국가안전보장회의이다.

'국가안전보장회의'는 국가안전보장과 관련되는 대외정책·군사정책과 국내정책의 수립에 관하여 국무회의의 심의에 앞서 대통령의 자문에 응하기 위한 기구이다. 국가안전보장회의는 국가안전보장과 관련한 정책에 대해 국무회의의 심의 전에 대통령의 자문에 응하기 위한 필수적 기구이다.

(2) 제91조 제2항

국가안전보장회의의 조직·직무범위 기타 필요한 사항은 「국가안전보장회의법」에서 정하고 있다. 국가안전보장회의는 의장인 대통령과 국무총리, 외교부장관, 통일부장관 및 국가정보원장과 대통령령으로 정하는 위원으로 구성한다. 국가안전보장회의는 국가안전보장에 관련되는 대외정책, 군사정책 및 국내정책의 수립에 관하여 대통령의 자문에 응한다.

2. 생각해보기

01 헌법은 제90조에서 제93조에 걸쳐 대통령의 자문에 응하기 위한 회의체기구에 대해서 규정하고 있다. 헌법 제90조에서 제93조에서 규정한 회의체기구 중 필수적 기구에는 어떠한 것이 있을까?

★

헌법 제90조에서 제93조에 걸쳐 규정하고 있는 자문기구 중 반드시 설치해야 하는 필수적 자문기구는 국가안전보장회의가 유일하다.

제92조 민주평화통일자문회의

① 평화통일정책의 수립에 관한 대통령의 자문에 응하기 위하여 민주평화통일자문회의를 둘 수 있다.
② 민주평화통일자문회의의 조직·직무범위 기타 필요한 사항은 법률로 정한다. [**관련법률 : 민주평화통일자문회의법**]

1. 조문의 의미

(1) 제92조 제1항

평화통일정책의 수립에 관한 대통령의 자문에 응하기 위하여 민주평화통일자문회의를 둘 수 있다. '민주평화통일자문회의'도 임의기구이다. 따라서 두어도 두지 않아도 무방하다.

(2) 제92조 제2항

민주평화통일자문회의의 조직·직무 범위 기타 필요한 사항은 「민주평화통일자문회의법」으로 정한다. 민주평화통일자문회의는 통일에 관한 국내외 여론 수렴, 통일에 관한 국민적 합의 도출, 통일에 관한 범민족 의지와 역량의 결집 등에 관한 사항에 관하여 대통령에게 건의하고, 대통령의 자문에 응한다. 민주평화통일자문회의의 의장은 대통령이며, 25명 이내의 부의장 등으로 구성되어 있다.

2. 생각해보기

01 민주평화통일자문회의는 헌법상 필수적인 회의체기구일까?

★

'민주평화통일자문회의'는 「민주평화통일자문회의법」에 의하여 현재도 운영되고 있다. 다만, 민주평화통일자문회의는 헌법상 임의적인 회의체 기구이다. 헌법에 의하면 두어도 되고 두지 않아도 된다.

제93조 국민경제자문회의

① 국민경제의 발전을 위한 중요정책의 수립에 관하여 대통령의 자문에 응하기 위하여 국민경제자문회의를 둘 수 있다.
② 국민경제자문회의의 조직·직무범위 기타 필요한 사항은 법률로 정한다. [**관련법률 : 국민경제자문회의법**]

1. 조문의 의미

(1) 제93조 제1항

국민경제의 발전을 위한 중요정책의 수립에 관하여 대통령의 자문에 응하기 위하여 국민경제자문회의를 둘 수 있다. '국민경제자문회의'도 헌법상 임의기구이다. 따라서 두어도 되고, 두지 않아도 무방하다.

(2) 제93조 제2항

국민경제자문회의의 조직·직무범위 기타 필요한 사항은 「국가경제자문회의법」에서 정하고 있다. 국민경제자문회의는 의장 1명, 부의장 1명, 당연직위원 5명 이내, 위촉위원 30명 이내 및 지명위원으로 구성한다. 자문회의의 의장은 대통령이 되고, 부의장은 의장이 위촉위원 중에서 지명한다.

2. 생각해보기

01 헌법 조문은 개별법률 하나 이상의 가치를 가지고 있다. 그만큼 헌법 조문 하나 하나는 중요하다. 만일 당신이 헌법개정에 대한 초안을 만든다면 헌법 제90조에서 제93조에 걸쳐 두고 있는 대통령의 자문회의에 대해서는 어떻게 구성해 볼 수 있을까?

★

헌법의 자문회의에 대한 규정을 통합하여 하나의 조문으로 구성하고, 각각의 자문회의는 하나의 조문 아래 각 항으로 두는 것이 자문회의의 위상과 법체계의 통일성을 기하는 측면에서 타당하다는 판단이다.

제3관 행정각부

제94조 행정각부의 장의 임명

행정각부의 장은 국무위원 중에서 국무총리의 제청으로 대통령이 임명한다.

1. 조문의 의미

'행정각부'는 대통령을 수반으로 하는 행정부의 구성단위로서, 대통령과 국무총리의 지휘 · 통할 하에 독자적으로 정부의 행정업무를 처리하는 중앙행정기관이다.

헌법상 행정각부가 되기 위해서는 행정각부의 장은 국무위원이어야 하고, 그 소관사무에 관한 부령을 발할 권한이 있어야 한다. 따라서 부령을 발할 권한이 없으면 행정각부가 되지 못한다.

현행 「정부조직법」은 18개의 행정각부를 두고 있으며, 행정각부의 장은 18명이며 모두 국무위원의 지위를 가지고 있다.

2. 생각해보기

01 헌법상 국무위원이 아닌 자도 대통령의 지명이 있는 경우에는 행정각부의 장이 될 수 있을까?

★

헌법은 국무위원이 아닌 자가 대통령의 지명이 있는 경우에는 행정각부의 장이 될 수 있는 여지를 두고 있다. 그러나 현행 「정부조직법」은 국무위원은 행정각부의 장만이 될 수 있도록 하여, 행정각부의 장이 아닌 자는 국무위원이 될 수 없도록 하고 있다.

02 법률상 기관의 장이 국무위원인 경우로서 그 소관사무에 관하여 부령을 발할 권한이 없다면 그 기관의 장은 행정각부의 장이 될 수 있을까?

★

'행정각부의 장'이 되기 위해서는 행정각부의 장은 국무위원이어야 하고, 부령을 발할 권한이 있어야 한다. 따라서 부령을 발할 권한이 없는 경우에는 행정각부의 장이 될 수 없다.

제95조 총리령 · 부령

국무총리 또는 행정각부의 장은 소관사무에 관하여 법률이나 대통령령의 위임 또는 직권으로 총리령 또는 부령을 발할 수 있다.

1. 조문의 의미

'총리령'이란 국무총리가 소관 사무에 관하여 법률이나 대통령령의 위임 또는 총리가 직권으로 발하는 법규명령을 말한다. '부령'이란 행정각부의 장이 소관 사무에 관하여 법률이나 대통령령의 위임 또는 직권으로 발하는 법규명령을 말한다.

'법규명령'은 법률에서 구체적으로 범위를 정하여 위임받아 제정하는 위임명령과 법률을 집행하기 위하여 필요한 사항을 정하는 집행명령으로 구분할 수 있다. 위임명령과 집행명령은 국회가 입법한 법률과의 관련성에 따른 개념이다.

'법규명령'은 그 제정주체가 누구인지에 따라서도 구분할 수 있다. 대통령령, 총리령, 부령이 그것이다. '총리령'과 '부령'은 대통령령의 하위규범이다. 대통령령이 법률보다는 하위규범인 것과 같은 이치이다. 총리령과 부령은 우열이 없다고 보는 것이 대부분 학자의 견해이다.

2. 생각해보기

01 법규명령은 위임명령과 집행명령으로 구분할 수 있다고 한다. 위임명령과 집행명령은 어떠한 것인지 국회가 제정한 법률과의 관련성에서 설명해 볼 수 있을까?

★

법규명령은 '위임명령'과 '집행명령'으로 구분할 수 있다. '위임명령'은 법률에서 구체적으로 범위를 정하여 위임한 대통령령을 말한다. '집행명령'은 법률에서 정한 사항을 집행하기 위하여 발하는 대통령령을 말한다. 법규명령은 국회에서 제정한 법률의 하위규범이다.

02 법규명령은 위 (1)의 구분 외에 대통령령, 총리령, 부령으로 구분할 수도 있는데, 이 중 총리령과 부령은 규범 사이의 우열을 인정할 수 있을까?

★

'총리령'이란 국무총리가 법률이나 대통령령의 위임 또는 직권으로 발하는 명령을 말한다. '부령'이란 행정각부의 장이 법률이나 대통령령의 위임 또는 직권으로 발하는 명령을 말한다. 총리령과 부령에 우열이 있는지 여부에 대해 논란은 있지만 그 우열은 인정할 수 없다고 보는 것이 통설의 견해이다.

제96조 행정각부의 설치 · 조직 등

행정각부의 설치 · 조직과 직무범위는 법률로 정한다. [**관련법률 : 정부조직법**]

1. 조문의 의미

행정각부의 설치 · 조직과 직무범위는 「정부조직법」으로 정한다. 현행 「정부조직법」상 행정각부는 ① 기획재정부, ② 교육부, ③ 과학기술정보통신부, ④ 외교부, ⑤ 통일부, ⑥ 법무부, ⑦ 국방부, ⑧ 행정안전부, ⑨ 문화체육관광부, ⑩ 농림축산식품부, ⑪ 산업통상자원부, ⑫ 보건복지부, ⑬ 환경부, ⑭ 고용노동부, ⑮ 여성가족부, ⑯ 국토교통부, ⑰ 해양수산부, ⑱ 중소벤처기업부의 18부로 구성되어 있다.

2. 생각해보기

01 헌법은 행정각부의 장이 아닌 자도 국무위원이 될 수 있는 길을 열어두고 있지만, 현행 「정부조직법」상 행정각부의 장이 아닌 국무위원은 존재할까?

★

헌법은 행정각부의 장이 아닌 자도 국무위원이 될 수 있는 길을 열어두고 있지만, 현행 「정부조직법」상 행정각부의 장이 아닌 국무위원은 있을 수 없다. 따라서 국무위원이 행정각부의 장이고, 행정각부의 장이 국무위원이다.

02 정부조직법상 행정각부는 18개가 존재한다. 행정각부도 정부조직법에 의하면 각각의 서열의 순위가 인정되는데, 제1순위에서 제6순위까지는 어떻게 되는 것일까?

★

현행 「정부조직법」상 행정각부는 ① 기획재정부, ② 교육부, ③ 과학기술정보통신부, ④ 외교부, ⑤ 통일부, ⑥ 법무부의 순으로 서열이 정해져 있다. 이 중 제1순위와 제2순위에 해당하는 기획재정부와 교육부의 장이 각각 장관과 부총리의 지위를 겸하고 있다.

제4관 감사원

제97조 감사원의 권한, 소속

국가의 세입·세출의 결산, 국가 및 법률이 정한 단체의 회계검사와 행정기관 및 공무원의 직무에 관한 감찰을 하기 위하여 대통령 소속하에 감사원을 둔다.

1. 조문의 의미

'감사'란 감찰하고 검사하는 것을 말한다. 정부는 수많은 공무원 집단으로 이루어진 거대한 조직이다. 엄청난 국가예산을 지출하는 것은 물론 공권력의 행사를 통해 국민의 권리와 의무에 상당한 영향을 미친다. 그냥 두면 안 된다. 통제와 감시가 필요하다. 그것을 위해 헌법이 반드시 설치하라고 한 국가기관이 감사원이다.

감사원의 주된 업무는 ① 예산(세입·세출)의 결산, ② 국가 및 법률이 정한 단체의 회계검사, ③ 행정기관 및 공무원의 직무에 대한 감찰이다.

'감사원'은 헌법상 대통령 소속하에 설치되지만, 직무상 독립된 지위를 가지는 필수기관이다. 따라서 감사원의 업무에 대해서 대통령은 지시를 할 수 없고, 통제도 할 수 없다.

2. 생각해보기

01 헌법은 감사원을 대통령의 소속하에 두는 기관으로 정하고 있는데, 그렇다면 감사원은 그 업무를 수행함에 있어서도 대통령의 통제를 받아야 하는 것일까?

★

헌법 제97조는 감사원은 대통령의 소속하에 둔다고 규정하고 있다. '감사원'은 대통령의 직속기관이다. 다만, 그 업무수행에 있어서는 대통령의 통제를 받지 않고 독립적으로 업무를 수행한다. 따라서 감사원에 대해서는 대통령도 구체적인 업무지시를 할 수 없다.

02 국가 또는 지방자치단체가 2분의 1이상을 출자한 법인은 반드시 감사원의 회계검사를 받아야 하는 것일까?

★

「감사원법」 제22조 제1항은 국가의 회계, 지방자치단체의 회계, 한국은행의 회계, 국가 또는 지방자치단체가 자본금의 2분의 1이상을 출자한 법인은 반드시 감사원의 회계검사를 받도록 하고 있다.

제98조 감사원의 구성, 감사원장과 위원의 임명·임기 등

> ① 감사원은 원장을 포함한 5인 이상 11인 이하의 감사위원으로 구성한다.
> ② 원장은 국회의 동의를 얻어 대통령이 임명하고, 그 임기는 4년으로 하며, 1차에 한하여 중임할 수 있다.
> ③ 감사위원은 원장의 제청으로 대통령이 임명하고, 그 임기는 4년으로 하며, 1차에 한하여 중임할 수 있다.

1. 조문의 의미

(1) 제98조 제1항

헌법은 감사원은 원장을 포함한 '5인 이상 11인 이하'의 감사위원으로 구성한다고 하여 감사위원의 최소 원수와 최대 원수에 대한 범위만을 규정하고 있다. 「감사원법」은 감사원장을 포함하여 7명으로 감사위원으로 구성하고 있다.

헌법상 감사원에 대해 단독제 기관인지 합의제 의결기관인지 명시적인 규정은 없지만, 감사원은 합의제 의결기관이다. 그에 따라 감사위원 전원으로 구성되는 감사위원회가 열리게 되며, 감사위원회는 재적 감사위원 과반수의 찬성으로 의결한다.

(2) 제98조 제2항

감사위원회는 감사원장을 포함한 감사위원 전원으로 구성되며, 원장이 의장이 된다. 감사원장은 국회의 동의를 얻어 대통령이 임명한다. 감사원장의 임기는 4년이며, 1차에 한하여 중임할 수 있다. 감사위원인 감사원장의 정년은 70세로 한다.

(3) 제98조 제3항

감사위원회는 감사위원들의 합의에 의해 의사결정이 이루어지는 합의제 의결기관이다. 감사위원회의 결의에서 감사위원이나 감사원장은 그 권한의 차이가 없다. 헌법은 감사위원은 감사원장의 제청으로 대통령이 임명하도록 하고 있다.

감사원장과 차이가 있다면 감사위원의 임명은 국회의 동의를 얻을 필요가 없다는 점이다. 감사위원의 임기는 4년이며, 1차에 한하여 중임할 수 있다. 감사위원의 정년은 65세로 한다.

2. 생각해보기

01 헌법상 감사원이 합의제 기관인지 또는 단독제 기관인지에 대한 명문의 규정은 없다. 그렇다면 감사원은 합의제 기관일까? 아니면 단독제 기관일까?

★

헌법 제98조 제1항은 "감사원은 원장을 포함한 5인 이상 11인 이하의 감사위원으로 구성한다."고 규정하고 있다. 그에 따라 「감사원법」은 감사원은 감사원장을 포함한 7인의 감사위원으로 구성하고 있다. 감사원은 감사원장의 독립적인 의사결정에 의해 업무가 진행되지 않고, 감사위원회의 의결에 따라 업무가 진행되는 합의제 기관이다.

02 감사원장과 감사위원의 임명절차에는 어떠한 차이점이 있는 것일까?

★

'감사원장'은 국회의 동의를 얻어 대통령이 임명한다. 이때 국회의 동의를 거치는 과정에서 인사청문특별위원회의 인사청문을 거쳐야 한다. 그에 반해 '감사위원'은 감사원장의 제청으로 대통령이 임명한다. 감사원장의 임명에는 국회의 동의가 반드시 필요하지만, 감사위원의 임명에는 국회의 동의가 필요하지 않다.

제99조 세입 · 세출의 결산보고

감사원은 세입 · 세출의 결산을 매년 검사하여 대통령과 차년도 국회에 그 결과를 보고하여야 한다.

1. 조문의 의미

'세입'이란 국가의 한 회계연도의 모든 수입을 말한다. '세출'이란 국가의 한 회계연도의 모든 지출을 말한다. 세입과 세출을 '예산'이라고 한다. '회계연도'란 세입과 세출을 결산하는 단위로서의 기간을 말한다. '결산'이란 세입과 세출을 정산하는 것을 말한다. '예산의 편성권'은 정부에 있다. '예산안의 심의와 의결'은 국회에서 한다.

감사원은 세입과 세출, 즉 예산을 매년 검사하여 그 결과를 대통령과 국회에 보고하여야 한다. 예산안의 검사 · 보고는 감사원의 의무이자 독점적 권한이다.

2. 생각해보기

01 국가의 한 회계연도의 모든 수입을 세입이라고 한다. 국가의 세입은 크게 3가지의 방식으로 구성되는데, 그 3가지는 무엇일까?

★

'세입'은 조세수입, 조세외수입, 국채 또는 차입금 등의 수입으로 구분할 수 있다. 국고에 수납되더라도 세출의 재원에 충당하지 못하는 것은 세입이라 할 수 없다. 세입 중 가장 큰 비중을 차지는 것이 조세수입이다. 조세수입은 헌법 제38조와 제59조에 근거하여 발생한다.

02 감사원은 세입 · 세출의 결산을 매년 검사한 후 왜 차년도 국회에도 보고하게 하고 있는 것일까?

★

감사원은 세입 · 세출의 결산을 매년 검사하여 차년도 국회에 그 결과를 보고하여야 하는 이유는 예산산의 심의 · 확정권은 국회의 권한이고, 국민의 대의기관인 국회가 정부의 예산운용에 대한 통제를 하라는 취지이다.

제100조 감사원의 조직 · 직무범위 등

감사원의 조직 · 직무범위 · 감사위원의 자격 · 감사대상공무원의 범위 기타 필요한 사항은 법률로 정한다. [**관련법률 : 감사원법**]

1. 조문의 의미

감사원의 조직 · 직무범위 · 감사위원의 자격 · 감사대상 공무원의 범위 기타 필요한 사항은 「감사원법」에서 정하고 있다. 감사원도 국회, 대법원, 헌법재판소, 선거관리위원회와 마찬가지로 규칙제정권이 있다. 다만, 감사원의 '규칙제정권'은 헌법에서 명시적으로 인정하고 있는 것이 아니라 「감사원법」에서 규정하고 있을 뿐이다. 이점 유의할 필요가 있다.

2. 생각해보기

01 감사위원은 정당에 가입하거나 정치운동에 관여할 수 있을까?

★

「감사원법」 제10조는 감사위원은 정당에 가입하거나 정치운동을 할 수 없도록 정하고 있다. 이는 감사위원의 객관성 · 공정성 · 중립성을 위한 취지로 볼 수 있다.

02 헌법은 감사원은 대통령에 소속하되, 그 직무에 관하여는 독립한 지위를 가진다고 규정하고 있는데, 감사원의 독립성 강화를 위해 「감사원법」을 개정하여 대통령과 독립된 기관으로 구성하는 것은 가능할까?

★

헌법이 감사원을 대통령의 소속 하에 두도록 하고 있으므로, 「감사원법」을 개정하여 감사원을 대통령과 독립된 기관으로 두는 것은 헌법개정을 하지 않고는 불가능하다.

제3장

법원

제101조 사법권의 귀속, 법원의 조직, 법관의 자격

① 사법권은 법관으로 구성된 법원에 속한다.
② 법원은 최고법원인 대법원과 각급법원으로 조직된다.
③ 법관의 자격은 법률로 정한다. [**관련법률 : 법원조직법**]

1. 조문의 의미

(1) 제101조 제1항

'사법(司法)'이란 입법·행정과 달리 개개의 구체적인 쟁송을 해결하기 위하여 공권적인 법률판단(재판)을 하여 법을 적용하는 국가작용을 말한다. 사법의 범위는 국가에 따라 다르다. 우리나라는 민사·형사상의 재판외에 공무원의 행위의 적법성에 관한 행정사건의 재판까지도 사법에 포함시키고 있다.

'사법권'이란 민사·형사·행정사건의 재판에 대한 권한을 말하며, 사법권은 법관으로 구성된 법원에 속한다. 한편, 우리나라는 헌법재판에 대해서는 법원이 아닌 헌법재판소의 관장으로 하고 있다.

(2) 제101조 제2항

'법원'이란 사법권을 행사하는 국가기관을 말한다. 법원은 최고법원인 '대법원'과 '각급법원'으로 조직된다. 제101조 제2항은 대법원은 최고법원이고, 각급법원에 대한 통제기능을 수행하며, 최종적인 쟁송의 판단기관임을 밝히고 있다.

(3) 제101조 제3항

법관의 자격은 「법원조직법」에서 정하고 있다. 헌법상 법관의 종류는 두 가지이다. '대법관'과 '대법관이 아닌 법관'이 그것이다. 대법관이 아닌 법관을 판사라고 한다. 판사는 「법원조직법」에 따라 다시 지방법원 부장판사, 고등법원 부장판사 등으로 보직에 따라 다시 분류될 수 있다.

2. 생각해보기

01 헌법은 사법기관으로 법원과 헌법재판소를 두고 있다. 사법기관으로서 법원과 헌법재판소의 차이점은 무엇이 있을까?

★

사법기관으로서 '법원'은 일반적인 재판과 명령 · 규칙 또는 처분의 위헌 · 위법에 대한 심사권 등을 가진다. 그에 반해 '헌법재판소'는 헌법과 헌법재판소법에서 규정한 심판을 담당한다. 특히 탄핵심판, 정당해산심판, 권한쟁의심판, 위헌법률심판, 헌법소원심판은 헌법재판소의 전권사항이다.

02 흔히 '사법심사의 대상이 된다'라는 말을 한다. 사법심사의 대상이 된다는 것은 어떠한 의미를 가지는 것일까?

★

사법심사의 대상이 된다는 것은 사법기관(법원 또는 헌법재판소)의 판단사항이 된다는 것을 말한다. 우리나라는 사법기관으로 법원과 헌법재판소를 두고 있기 때문에, 사법심사의 대상이 된다는 것은 법원 또는 헌법재판소의 재판 또는 심판사항이 되는 것을 말한다.

03 우리나라의 법원은 민사소송과 형사소송은 물론 행정소송, 특허소송 등에 대해서도 사법권을 행사할까?

★

'법원'은 헌법과 헌법재판소에서 헌법재판소의 관장사항으로 정하고 있는 심판사항을 제외하고는 민사소송과 형사소송은 물론 행정소송, 특허소송 등에 대해서도 사법권을 행사한다.

제102조 대법원 · 각급법원

① 대법원에 부를 둘 수 있다.
② 대법원에 대법관을 둔다. 다만, 법률이 정하는 바에 의하여 대법관이 아닌 법관을 둘 수 있다.
③ 대법원과 각급법원의 조직은 법률로 정한다. [**관련법률 : 법원조직법**]

1. 조문의 의미

(1) 제102조 제1항

"대법원에 부를 둘 수 있다"라는 것은 무슨 뜻일까? 대법원도 사법권을 행사함에 있어 정부조직의 행정각부와 같이 분화되고, 전문적인 조직을 가질 수 있다는 뜻으로 해석된다. 사법부의 최고기관인 대법원에 각 부를 두어 사법기능을 분화시킬 수 있다는 것이다. 대법원의 부는 3명 이상의 대법관으로 구성한다.

(2) 제102조 제2항

대법원에 대법관을 둔다. '대법관의 수'는 대법원장을 포함하여 14명으로 한다. 그 중 법원행정처장은 재판업무에서 제외되며, 재판업무는 13명의 대법관이 수행한다. 재판업무를 담당하는 대법관 전원이 참여하는 재판을 '전원합의체'라고 한다.

대법원에는 「법원조직법」이 정하는 바에 의하여 대법관이 아닌 법관을 둘 수 있다. 대법관이 아닌 법관을 '재판연구관'이라고 한다. 재판연구관은 판사로 보하거나 3년 이내의 기간을 정하여 판사가 아닌 사람 중에서 임명할 수 있다.

(3) 제102조 제3항

대법원과 각급 법원의 조직은 「법원조직법」에서 정하고 있다. 「법원조직법」에 따라 법원은 대법원, 고등법원, 지방법원, 특허법원, 가정법원, 행정법원, 회생법원의 7가지 종류가 있다.

2. 생각해보기

01 재판의 절차를 심급제도라고 하는데, 우리나라는 심급제도의 운영에 있어 원칙적 3심제를 채택하고 있다. 그런데 심급제도의 운영에 있어서 사실심과 법률심이 적용되는 법원을 구별한다면 어떻게 구분되는 것일까?

★

'사실심'이란 사실관계의 존부 여부를 심리 · 판단하는 것을 말한다. 그에 반해 '법률심'이란 재판에서 법적용의 적법 여부를 심리 · 판단하는 것을 말한다. 우리나라의 재판제도는 원칙적으로 3심제를 채택하고 있는데, 제2심(고등법원)의 심리 · 판단까지를 사실심이라고 한다. '대법원'은 사실관계의 심리판단을 하지 않고 법적용의 적법 여부만을 심리 · 판단하는 '법률심'이다.

02 헌법은 대법원에 대법관이 아닌 법관을 둘 수 있다고 규정하고 있다. 대법관이 아닌 법관을 재판연구관이라고 하는데, 재판연구관은 모두 판사의 자격을 가져야 하는 것일까?

★

헌법은 대법원에 대법관이 아닌 법관을 둘 수 있다고 규정하고 있다. 대법관이 아닌 법관을 '재판연구관'이라고 하는데, 재판연구관은 모두 판사의 자격을 가질 필요는 없다.

제103조 법관의 독립

법관은 헌법과 법률에 의하여 그 양심에 따라 독립하여 심판한다.

1. 조문의 의미

'법관'이란 헌법과 「법원조직법」이 정한 바에 따라 임명되어 사법부를 구성하고 대법원과 각급법원에서 재판사무를 담당하는 공무원을 말한다. 법관은 대부분 판사로 구성되어 있으며, 헌법 제103조의 법관도 판사로 보아야 할 것이다.

'심판'이란 심리와 재판을 말한다. '심리'란 재판의 기초가 되는 사실관계 및 법률관계를 명확히 하기 위하여 법원이 증거나 방법 등을 심사하는 행위를 말한다. '재판'이란 구체적인 소송사건을 해결하기 위하여 법원 또는 법관이 공권적 판단을 내리는 것을 말한다.

법관은 헌법과 「법원조직법」에 따라 양심에 따라 독립하여 심판한다. 법관이 헌법과 법률에 의하여 그 양심에 따라 심판하는 것을 '법관의 독립'이라고 한다.

2. 생각해보기

01 법관의 재판에 법령의 규정을 따르지 않은 잘못이 있는 경우 이로써 곧바로 「국가배상법」에서 정한 위법한 행위가 되어 국가의 손해배상책임이 발생하는 것일까?

★

헌법 제29조 제1항은 "공무원의 직무상 불법행위로 손해를 받은 국민은 법률이 정하는 바에 의하여 국가 또는 공공단체에 정당한 배상을 청구할 수 있다."고 규정하고 있다. 이를 국가배상청구권이라고 하는데, 이때 '국가배상청구권'의 대상이 되는 공무원의 범위에 법관은 포함되지 아니한다.

02 상급법원의 재판에서의 판단은 그 후의 서로 다른 사건을 재판하는 하급심 법원을 직접 기속하는 것일까?

★

「법원조직법」 제8조는 "상급법원의 재판에서의 판단은 해당 사건에 관하여 하급심을 기속한다."고 규정하고 있다. 따라서 해당 사건이 아닌 서로 다른 사건을 재판하는 경우 상급법원의 재판에서의 판단은 하급심 법원을 직접 기속하지 아니한다.

03 법관이 형의 선고를 하는 경우 대법원 양형위원회의 양형기준에 구속되는 것일까?

★

「법원조직법」 제81조의7 제1항은 "법관은 형의 종류를 선택하고 형량을 정할 때 양형기준을 존중하여야 한다. 다만, 양형기준은 법적 구속력을 갖지 아니한다."고 규정하고 있다. 따라서 법관이 형의 선고를 하는 경우 '대법원 양형위원회의 양형기준'에 구속되지 아니한다.

제104조 대법원장 · 대법관 · 법관의 임명

① 대법원장은 국회의 동의를 얻어 대통령이 임명한다.
② 대법관은 대법원장의 제청으로 국회의 동의를 얻어 대통령이 임명한다.
③ 대법원장과 대법관이 아닌 법관은 대법관회의의 동의를 얻어 대법원장이 임명한다.

1. 조문의 의미

(1) 제104조 제1항

'대법원장'은 국회의 동의를 얻어 대통령이 임명한다. 대법원장은 사법부의 수장임에도 선거에 의해 선출되지 않은, 즉 국가의 모든 권력의 원천인 국민으로부터 정당성을 수여 받지 못한 국가기관이다. 그런 이유에서 대법원장의 임명에는 국민으로부터 정당성을 수여 받은 헌법기관인 국회와 대통령의 개입이 필요하다는 뜻이다.

법관이 국민으로부터 직접 선출되지 않았다고 하여 삼권분립이 훼손되었다고 할 수는 없다. 삼권분립에서 중요한 것은 '기능적 권력분립'이기 때문이다.

(2) 제104조 제2항

'대법관'은 대법원장을 포함하여 14명으로 구성된다. 그 중 법원행정처장을 제외한 13명의 대법관이 전원합의의 구성원이 된다. 대법원의 재판은 재판절차에서 더 이상 나아갈 수 없는 최종의 확정판결이다.

대법원의 판결은 판례로 축적되며, 국민의 권리의무관계에 지대한 영향을 미친다. 그런 이유에서 대법관의 임명도 신중하라는 뜻이다. 대법관은 대법원장의 제청으로 국회의 동의를 얻어 대통령이 임명한다.

(3) 제104조 제3항

'대법원장과 대법관의 임명'은 국회의 동의를 얻어 대통령이 임명한다. 대법원장과 대법관이 아닌 법관은 대법관회의의 동의를 얻어 대법원장이 임명한다. 대법관회의의 구성 및 의결방법 등의 자세한 내용은 「법원조직법」을 참고하기 바란다.

2. 생각해보기

01 현행 헌법상 대법원장은 국회의 동의를 얻어 대통령이 임명하도록 하고 있다. 이 경우 사법부의 수장인 대법원장은 국민으로부터 정당성을 부여받지 못한 기관으로 보아야 하는 것일까?

★

대한민국 통치구조(정치체계)는 권력분립(3권분립)이론에 근거한다. 입법부의 수장은 국회의장이고, 행정부의 수반은 대통령이며, 사법부의 수장은 대법원장이다. 국회의장과 대통령은 국민의 보통·평등·직접·비밀선거의 원칙에 의해 선출된다.
'대법원장'은 국회의 동의를 얻어 대통령이 임명한다. 그런 이유에서 대법원장을 선출되지 않는 권력기관이라고 한다. 저자의 판단으로는 법원의 전문성 등을 고려할 때 현재는 불가피한 선택이 아닌가 한다.

02 대법원장은 사법부의 수장으로 법원조직 내에서 막강한 권력을 행사하고 있는데, 과연 우리 헌법이나 법률에서 이를 견제할 제도적 장치는 있는 것일까?

★

현행 헌법상 사법부의 수장인 대법원장의 막강한 권력을 통제하고 견제할 수 있는 장치는 국회의 탄핵소추의결에 의한 헌법재판소의 탄핵심판의 방법이 유일하다고 볼 수 있다. 사법부도 국민 위에 군림해서는 아니된다. 대법원장에 대한 견제방법에 대해서는 우리 모두가 고민해볼 일이다.

제105조 대법원장 · 대법관의 임기, 법관의 정년

① 대법원장의 임기는 6년으로 하며, 중임할 수 없다.
② 대법관의 임기는 6년으로 하며, 법률이 정하는 바에 의하여 연임할 수 있다.
③ 대법원장과 대법관이 아닌 법관의 임기는 10년으로 하며, 법률이 정하는 바에 의하여 연임할 수 있다.
④ 법관의 정년은 법률로 정한다. [**관련법률 : 법원조직법**]

1. 조문의 의미

(1) 105조 제1항

'대법원장의 임기'는 6년이다. 대법원장은 중임할 수 없다. 사법부의 수장인 대법원장의 임기와 중임제한의 규정을 헌법에 둠으로써 사법권의 독립성을 강화하려는 취지이다.

(2) 제105조 제2항

'대법관의 임기'는 6년으로 하며, 법률이 정하는 바에 의하여 연임할 수 있다. 대법원장의 연임이 허용되지 않는 점과 차이가 있다.

(3) 제105조 제3항

법관은 대법관과 대법권이 아닌 법관을 말한다. 대법원장도 대법관의 자격을 가진 자이니, 대법관이 아닌 법관을 일반적으로 판사라고 한다. '대법원장과 대법관이 아닌 법관의 임기'는 10년으로 하며, 「법원조직법」에서 정하는 바에 의하여 연임할 수 있다.

(4) 제105조 제4항

법관의 정년에 대해서는 「법원조직법」에서 정하고 있다. 「법원조직법」은 대법원장과 대법관의 정년은 70세로, 판사의 정년은 65세로 정하고 있다.

2. 생각해보기

01 대법원장과 대법관의 임기는 6년인데, 과연 대법원장과 대법관의 연임은 가능할까?

★

헌법 제105조 제1항은 대법원장의 임기는 6년으로 하며 중임할 수 없다고 규정하고 있다. 제2항은 대법관의 임기는 6년으로 하며, 법률이 정하는 바에 의하여 연임할 수 있다고 규정하고 있다. 현행 헌법상 대법원장의 연임은 허용되지 않지만, 대법관은 연임할 수 있다.

02 일반적인 행정공무원의 정년과 달리 대법원장과 대법관의 정년은 70세, 판사의 정년은 65세로 정하고 있는 규정은 위헌법률심판의 대상이 되는 것일까?

★

대법원장과 대법관의 정년은 각각 70세, 대법원장과 대법관이 아닌 법관의 정년은 65세로 규정하고 있는 「법원조직법」의 규정은 원칙적으로 위헌성 판단의 대상이 되지 아니한다. 법관의 정년을 설정함에 있어서 법관의 성격과 그 업무의 특수성으로 인하여 일반 행정공무원과는 달리 보아야 한다.

제106조 법관의 징계, 퇴직

① 법관은 탄핵 또는 금고 이상의 형의 선고에 의하지 아니하고는 파면되지 아니하며, 징계처분에 의하지 아니하고는 정직・감봉 기타 불리한 처분을 받지 아니한다.
② 법관이 중대한 심신상의 장해로 직무를 수행할 수 없을 때에는 법률이 정하는 바에 의하여 퇴직하게 할 수 있다.

1. 조문의 의미

(1) 제106조 제1항

'법관의 징계처분'에는 정직・감봉・기타 불리한 처분으로 견책이 있다. 법관의 징계처분에는 파면이 포함되지 아니한다. '파면'은 탄핵이나 금고 이상의 형의 선고가 있는 경우에만 가능하다. 삼권분립과 법관의 독립성을 위한 헌법의 고민이 담긴 규정으로 볼 수 있다.

(2) 제106조 제2항

법관이 중대한 '심신상의 장해'로 직무를 수행할 수 없을 때에는 「법원조직법」에서 정하는 바에 의하여 퇴직하게 할 수 있다. 「법원조직법」에서는 심신상의 장해에 대한 구체적인 판단기준을 제시하지 않고 있다. 법관의 중립성을 위해 명확히 할 필요가 있어 보인다.

2. 생각해보기

01 법관에 대한 징계처분의 방법으로 법률에 의한 파면이나 해임은 가능할까?

★

법관은 탄핵 또는 금고 이상이 형의 선고에 의하지 아니하고는 파면되지 아니한다. 그리고 징계처분에 의하지 아니하고는 정직 · 감봉 기타 불리한 처분을 받지 아니한다. 이때 기타 불리한 처분에는 견책이 있다. 법관의 징계사유 · 내용 · 절차 등은 「법관징계법」의 규정을 참고하기 바란다.

02 법관의 징계처분에 대해서는 「법관징계법」에서 대법원의 단심으로 재판하도록 하고 있다. 이는 징계처분을 받은 법관의 재판청구권을 침해하는 것은 아닐까?

★

'법관의 징계처분'에 대해서는 대법원이 단심으로 재판하며, 사실확정권도 가진다. 법관의 징계처분에 대해서 대법원의 단심재판에 의하도록 한 것은 입법자의 적법한 입법재량의 범위 내의 행위로서 법관의 재판청구권을 침해하지 아니한다.

제107조 위헌법률심판, 명령·규칙 등의 심사, 행정심판의 전치

① 법률이 헌법에 위반되는 여부가 재판의 전제가 된 경우에는 법원은 헌법재판소에 제청하여 그 심판에 의하여 재판한다.
② 명령·규칙 또는 처분이 헌법이나 법률에 위반되는 여부가 재판의 전제가 된 경우에는 대법원은 이를 최종적으로 심사할 권한을 가진다.
③ 재판의 전심절차로서 행정심판을 할 수 있다. 행정심판의 절차는 법률로 정하되, 사법절차가 준용되어야 한다. [**관련법률 : 행정심판법**]

1. 조문의 의미

(1) 제107조 제1항

'제청'이란 어떠한 안건을 제시하여 결정해 달라고 청구하는 것을 말한다. 법률이 헌법에 위반되는지 여부가 재판의 전제가 된 경우에는 법원은 헌법재판소에 제청하여 그 심판에 의하여 재판한다. 이를 법원의 '위헌법률심판제청권'이라고 한다. 법원의 위헌법률심판의 제청에 의하여 법률의 위헌여부에 대한 최종 심판권은 헌법재판소가 행사한다.

'위헌법률심판'은 ① 법원의 제청과 ② 헌법재판소의 결정 절차가 적용된다. 위헌법률심판의 자세한 내용은 「헌법재판소법」을 참고하기 바란다.

(2) 제107조 제2항

명령·규칙 또는 처분이 헌법이나 법률에 위반되는 여부가 재판의 전제가 된 경우에는 대법원은 이를 최종적으로 심사할 권한을 가진다. 이를 '대법원의 명령·규칙 또는 처분의 위헌·위법심사권'이라고 한다.

'법률의 위헌여부'는 법원의 제청에 의하여 헌법재판소가 결정한다. 그러나 '명령·규칙 또는 처분의 위헌·위법 여부에 대한 최종적인 심사권'은 대법원이 가진다. 양자의 차이점을 명확히 이해하기 바란다.

(3) 제107조 제3항

재판의 전심절차로 행정심판의 절차를 거치는 것은 '행정심판의 전치'라고 한다. 행정심판의 전치는 반드시 거쳐야 하는 '필요적 전치'와 거쳐도 되고 거치지 않아도 되는 '임의적 전치'로 구분할 수 있다. 헌법은 행정심판에 대해 임의적 전치주의를 채택하고 있다.

행정심판도 국민의 권리의무에 중요한 영향을 미치는 것으로 준사법절차적 성격을 가지고 있다. 그런 이유에서 행정심판의 절차는 법률로 정하도록 하고 있으며, 이를 위해 「행정심판법」과 「행정소송법」이 제정되어 있다.

2. 생각해보기

01 재판은 크게 헌법재판 외의 재판과 헌법재판으로 구분할 수 있는데, 이러한 재판의 최종결정권자는 각각 어떤 기관일까?

★

헌법재판 외의 재판은 원칙적으로 3심제를 채택하고 있으며, 그 재판의 최종재판권은 대법원이 가진다. 그에 반해 헌법 또는 「헌법재판소법」에서 정한 헌법재판의 최종결정권한은 헌법재판소가 가진다.

02 법률이 헌법에 위반되는지 여부가 재판의 전제가 된 경우에 이루어지는 위헌법률심판은 어떠한 절차로 이루어질까?

★

법률이 헌법에 위반되는지 여부가 재판의 전제가 된 경우에는 법원은 헌법재판소에 위헌법률심판을 제청하고 헌법재판소가 그 심판에 의하여 결정한다. 이를 위헌법률심판이라고 하는데, 그 절차는 '법원의 제청'과 '헌법재판소의 심판결정'의 절차로 마무리된다.

03 법률과 달리 명령 · 규칙 또는 처분의 위헌 · 위법에 대한 최종심사권은 어떠한 기관에게 있는 것일까?

★

명령 · 규칙 또는 처분이 헌법이나 법류에 위반되는지 여부가 재판의 전제가 된 경우에는 '대법원'은 이를 최종적으로 심사할 권한을 가진다. 명령 · 규칙 또는 처분의 위헌 · 위법심사의 최종 판단권한은 '대법원'에 있다. 이 점이 위헌법률심판에 대한 최종결정권이 '헌법재판소'에 있는 것과 차이가 있다.

제108조 대법원의 규칙제정권

> 대법원은 법률에 저촉되지 아니하는 범위 안에서 소송에 관한 절차, 법원의 내부규율과 사무처리에 관한 규칙을 제정할 수 있다.

1. 조문의 의미

대법원은 '법률에 저촉되지 아니하는 범위 안'에서 소송에 관한 절차, 법원의 내부규율과 사무처리에 관한 규칙을 제정할 수 있다. 이를 '대법원의 규칙제정권'이라고 한다. 대법원의 규칙제정권은 허용된다. 다만, 법률에 저촉되지 아니하는 범위 안에서만 가능하다. 대법원이 규칙을 제정함에 있어서 입법권을 남용할 가능성이 있기 때문에 그 제한을 둔 것이다.

규칙제정권을 헌법에서 부여하고 있는 기관으로는 국회, 대법원, 선거관리위원회, 헌법재판소 등이 있다.

2. 생각해보기

01 대법원은 법률에 저촉되지 아니하는 범위 안에서 소송에 관한 절차 등에 대한 규칙을 제정할 수 있다고 규정하고 있다. 이때 '법률에 저촉되지 아니하는 범위 안'에서는 어떤 의미일까?

★

대법원은 법률에 저촉되지 아니하는 범위 안에서 소송에 관한 절차 등에 대한 규칙을 제정할 수 있다. 이때 '법률에 저촉되지 아니하는 범위 안'에서는 국회가 제정한 법률에 위배되지 않는 범위 내에서 규칙을 제정할 수 있다는 의미이다.

02 감사원도 대법원과 마찬가지로 헌법에서 규칙제정권을 명시적으로 부여하고 있는 것일까?

★

'대법원의 규칙제정권'은 헌법 제108조에 그 근거를 두고 있다. 그에 반해 '감사원의 규칙제정권'은 「감사원법」제54조에 의한 것으로 그 근거를 「감사원법」이라는 법률에 두고 있다. 헌법 공부를 할 때에는 헌법에 규정을 두고 있는지, 법률에 그 근거를 두고 있는지에 대한 명확한 구별이 필요하다.

제109조 심리와 판결의 공개

재판의 심리와 판결은 공개한다. 다만, 심리는 국가의 안전보장 또는 안녕질서를 방해하거나 선량한 풍속을 해할 염려가 있을 때에는 법원의 결정으로 공개하지 아니할 수 있다.

1. 조문의 의미

'심리'란 법원이 판결 전에 민사 또는 형사상의 청구 원인에 따른 증거나 방법 등에 대하여 공식적으로 심사하는 행위를 말한다. '판결'은 법원이 변론을 거쳐서 원본을 작성하고 공개된 법정에서 당사자에게 고지하는 재판을 말한다.

재판의 심리와 판결은 공개하는 것이 원칙이다. 다만, '심리'는 국가의 안전보장 또는 안녕질서를 방해하거나 선량한 풍속을 해할 염려가 있을 때에는 법원의 결정으로 공개하지 아니할 수 있다. '심리'는 공개되지 않을 수 있지만, '판결'은 반드시 공개되어야 한다.

2. 생각해보기

01 법원의 재판에서 심리의 일반원칙에는 무엇이 있을까?

★

법원의 재판에서 심리의 일반원칙으로는 구두변론주의, 처분권주의, 자유심증주의 등의 방법이 인정된다. 구두변론주의, 처분권주의, 자유심증주의 등의 내용은 법률용어사전이나 「민사소송법」의 내용을 참고하기 바란다.

02 국가의 안전보장 또는 안녕질서 등에 해가 될 염려가 있는 경우 법원은 그 결정으로 심리와 판결을 공개하지 않을 수 있을까?

★

국가의 안전보장 또는 안녕질서 등에 해가 될 염려가 있는 경우 법원은 그 결정으로 '심리'는 공개하지 않을 수 있다. 그러나 '판결'은 그 경우에도 반드시 공개하여야 한다. 심리는 공개하지 않을 수 있지만, 판결은 공개하여야 한다.

제110조 군사법원 · 군사재판

① 군사재판을 관할하기 위하여 특별법원으로서 군사법원을 둘 수 있다.
② 군사법원의 상고심은 대법원에서 관할한다.
③ 군사법원의 조직 · 권한 및 재판관의 자격은 법률로 정한다. [**관련법률 : 군사법원법**]
④ 비상계엄하의 군사재판은 군인 · 군무원의 범죄나 군사에 관한 간첩죄의 경우와 초병 · 초소 · 유독음식물공급 · 포로에 관한 죄 중 법률이 정한 경우에 한하여 단심으로 할 수 있다. 다만, 사형을 선고한 경우에는 그러하지 아니하다.

1. 조문의 의미

(1) 제110조 제1항

군사재판을 관할하기 위한 특별법원을 '군사법원'이라고 한다. 헌법은 군사재판을 관할하기 위하여 군사법원을 둘 수 있다고 규정하고 있다. 따라서 반드시 두어야 하는 것은 아니다. 군사법원은 군대라는 조직의 특수성을 감안한 헌법상 유일한 특별법원이다.

(2) 제110조 제2항

군사법원은 '보통군사법원'과 '고등군사법원'의 두 종류가 있다. 고등군사법원은 국방부에 설치하며, 보통군사법원은 「군사법원법」 제6조 제2항의 별표에서 구체적으로 정하고 있다.

보통군사법원은 군사재판의 제1심을 관할하고, 고등군사법원은 군사재판의 제2심을 관할한다. 군사법원의 상고심은 대법원에서 관할한다. 군사법원의 재판의 상고심도 대법원에서 하도록 한 것은 법령해석 등의 문제를 해결하고, 군사재판을 받는 국민의 인권을 보장하기 위한 취지이다.

(3) 제110조 제3항

군사법원의 조직·권한 및 재판관의 자격은 「군사법원법」에서 정하고 있다. 주목할 점은 군사법원의 재판관은 군판사와 심판관으로 구성되는데, 군판사는 군법무관 중에서 임명하지만 심판관은 장교 중에서 임명한다는 것이다.

군법무관이 아닌 장교가 재판관이 된다는 것이 가능한지는 의문이다. 이에 대해 헌법재판소는 헌법적 한계를 일탈한 것은 아니라고 한다. 그러나 여전히 의문이 해소되지는 않는다.

(4) 제110조 제4항

'비상계엄하의 군사재판'은 군인이 아닌 일반 국민의 특정한 행위에 대해 군사법원이 재판권을 가질 수 있다고 한다. 그리고 사형을 선고한 경우를 제외하고는 단심제로 할 수 있다고 한다. 과연 이 조항이 타당한지는 의문이다. 비상계엄이라는 미명 하에 국민의 재판청구권을 무시한 것은 아닌지, 인권침해의 소지는 없는지 다시 살펴볼 일이다.

2. 생각해보기

01 군사법원의 조직 · 권한 및 재판관의 자격을 일반 법원과 달리 정할 수 있다고 할지라도 사법권의 독립 등 헌법의 근본원리에 위배되거나 기본권의 본질적 내용을 침해하는 것은 가능할까?

★

군사법원의 조직 · 권한 및 재판관의 자격을 일반 법원과 달리 정할 수 있다고 할지라도 사법권의 독립 등 헌법의 근본원리에 위배되거나 기본권의 본질적 내용을 침해하는 것은 허용되지 아니한다.

02 군사법원의 경우 관할관 등이 군판사 및 심판관의 임명권과 재판관의 지정권을 가지고, 심판관은 일반 장교 중에서 임명하도록 한 규정은 헌법적 한계를 일탈한 것일까?

★

군사법원의 경우 관할관 등이 군판사 및 심판관의 임명권과 재판관의 지정권을 가지고, 심판관은 일반 장교 중에서 임명하도록 규정하였다고 하여, 바로 이 조항 자체가 군사법원의 한계를 일탈한 것이라고 할 수는 없다.

그 밖의 제도

개관하기

현대사회는 변화무쌍하다. 전통적 권력분립이론에 근거해서만 국가를 운영하는 것은 불가능할 것이다. 현대 헌법은 기능적 권력분립을 시도하고 있고, 또 그러하여야 한다. 그래서 탄생한 제도가 헌법재판소와 '지방자치'에 관한 헌법규정이다.

대한민국의 주인이자 모든 권력의 근원인 국민은 그 권력을 국가기관에 수여하는 절차로 선거와 투표를 이용한다. 선거와 투표관리가 공정하지 못하면 국민의 뜻이 제대로 전달되거나 반영되는 것은 불가능할 것이다. 헌법은 선거와 투표의 공정한 사무처리를 수행하도록 '선거관리위원회'를 두고 있다.

국가운영에 있어서 그 어느 것보다 중요한 것은 국민이 잘 먹고 잘 사는 것이다. 국민이 잘 먹고 잘 사는 것은 경제문제이다. 헌법은 '경제에 관한 부분'에 많은 조문을 할애하고 있다. 국민이 잘 먹고 잘 살아야 하기 때문이다. 헌법의 경제원칙은 자유시장경제질서이다. 그러나 그것만으로는 국가의 경제문제가 해결되지 않는다. 사람의 이기심 때문이다. 더불어 잘 살아야 한다. 그래야 건강한 국가가 되기 때문이다. 헌법이 사회적 경제질서를 도입하고 있는 이유이다.

헌법은 누가 개정할 수 있을까? 서두에서도 말했듯이 헌법은 국가의 법이자, 국민의 법이다. 헌법을 바꾸는 것은 국민의 몫이다. 헌법도 조문을 두어 꼭 그리하라 하고 있다.

제1장 헌법재판소

제111조 헌법재판소의 권한 · 구성

① 헌법재판소는 다음 사항을 관장한다.
1. 법원의 제청에 의한 법률의 위헌 여부 심판
2. 탄핵의 심판
3. 정당의 해산 심판
4. 국가기관 상호간, 국가기관과 지방자치단체간 및 지방자치단체 상호간의 권한쟁의에 관한 심판
5. 법률이 정하는 헌법소원에 관한 심판 [**관련법률 : 헌법재판소법**]

② 헌법재판소는 법관의 자격을 가진 9인의 재판관으로 구성하며, 재판관은 대통령이 임명한다.
③ 제2항의 재판관 중 3인은 국회에서 선출하는 자를, 3인은 대법원장이 지명하는 자를 임명한다.
④ 헌법재판소의 장은 국회의 동의를 얻어 재판관 중에서 대통령이 임명한다.

1. 조문의 의미

(1) 제111조 제1항

헌법재판소가 독립된 국가기관으로 설치된 것은 현행헌법(1987년)이다. 헌법재판소도 사법기능을 수행하는 점에서는 법원과 유사하지만, 헌법재판소는 ① 법원의 제청에 의한 법률의 위헌 여부 심판(위헌법률심판), ② 탄핵의 심판, ③ 정당의 해산 심판, ④ 국가기관 상호간, 국가기관과 지방자치단체간, 지방자치단체 상호간의 권한쟁의에 관한 심판 및 ⑤ 법률이 정하는 헌법소원에 관한 심판의 5가지 사항의 심판을 관장한다.

(2) 제111조 제2항

'헌법재판소'는 법관의 자격을 가진 9인의 재판관으로 구성하며, 재판관은 대통령이 임명한다. 헌법재판관이 되기 위해서는 법관의 자격이 있어야 한다. 따라서 법관의 자격을 가지지 못한 자는 헌법재판관이 될 수 없다. 헌법재판관이 꼭 법관의 자격을 가져야 하는지는 의문이다.

'헌법재판관의 수'는 헌법에서 9인으로 정하고 있기 때문에, 헌법재판관의 수를 변경하기 위해서는 헌법개정이 있어야 한다. 한편, 대법관의 수는 헌법이 아닌 「법원조직법」에서 정하고 있다. 대법관의 수를 변경하는 경우에는 헌법개정절차가 필요하지 않다.

(3) 제111조 제3항

'헌법재판관'은 9인으로 구성되는데 3인은 국회에서 선출하는 자를, 3인은 대통령이 지명하는 자를, 나머지 3인은 대법원장이 지명하는 자를 대통령이 임명한다. 헌법재판관의 임명에는 국회의 인사청문의 절차가 필요하다. 이때 국회에서 선출하는 자는 국회 '인사청문특별위원회'의 인사청문의 절차를 거치지만, 나머지 6인은 국회 '소관상임위원회'의 인사청문의 절차를 거친다.

(4) 제111조 제4항

'헌법재판소의 장'은 국회의 동의를 얻어 재판관 중에서 대통령이 임명한다. 헌법재판소장이 되기 위해서는 헌법재판관의 자격을 가져야 하므로, 헌법재판관인 자 중에서 헌법재판소장을 선임하여야 한다.

2. 생각해보기

01 우리나라의 헌법상 사법권의 행사는 법원과 헌법재판소를 통해 이루어지고 있다. 이 중 헌법상 헌법재판소의 관장사항은 무엇이 있을까?

★

헌법 제111조는 헌법재판소의 관장사항으로 ① 탄핵심판, ② 정당해산심판, ③ 권한쟁의심판, ④ 위헌법률심판, ⑤ 법률이 정하는 헌법소원심판사항이 있다. 이 중 가장 중심이 되는 것은 위헌법률심판이다.

02 대법관의 수와 헌법재판관의 수를 개정하기 위해서는 반드시 헌법개정의 절차가 필요할까?

★

'대법관의 수'는 헌법이 아닌 「법원조직법」 제4조에서 규정하고 있다. 대법관의 수는 대법원장을 포함하여 14명으로 한다. 그에 반해 '헌법재판관의 수'는 헌법에서 규정하고 있으며, 법관의 자격을 가지는 9인의 재판관으로 구성한다. 따라서 헌법재판관의 수를 변경하기 위해서는 헌법개정절차가 필요하지만, 대법관의 수를 개정하기 위해서는 법률의 개정만으로도 가능하다.

03 국회에서 선출하여 임명된 헌법재판관 중 공석이 발생한 경우, 국회는 공석인 후임 재판관을 선출해야 할 구체적 작위의무는 있는 것일까?

★

국회에서 선출하여 임명된 헌법재판관 중 공석이 발생한 경우, 국회는 공석인 후임 재판관을 선출해야 할 구체적 작위의무가 있다.

제112조 헌법재판관의 임기, 중립의무, 파면

① 헌법재판소 재판관의 임기는 6년으로 하며, 법률이 정하는 바에 의하여 연임할 수 있다. [**관련법률 : 헌법재판소법**]
② 헌법재판소 재판관은 정당에 가입하거나 정치에 관여할 수 없다.
③ 헌법재판소 재판관은 탄핵 또는 금고 이상의 형의 선고에 의하지 아니하고는 파면되지 아니한다.

1. 조문의 의미

(1) 제112조 제1항

헌법재판소 재판관의 임기는 6년으로 한다. 헌법재판관은 법률이 정하는 바에 의하여 연임할 수 있는데, 연임에 대해서는 「헌법재판소법」에서 정하고 있다.

헌법재판관의 임기를 6년으로 한 것은 대법관의 임기와 균형을 맞추기 위한 것으로 판단된다.

(2) 제112조 제2항

헌법재판소 재판관은 정당에 가입하거나 정치에 관여할 수 없다. 제112조 제2항은 헌법재판관의 정치적 중립의무를 규정한 것이다.

(3) 제112조 제3항

헌법재판소 재판관은 탄핵 또는 금고 이상의 형의 선고에 의하지 아니하고는 파면되지 아니한다. 제112조 제3항은 헌법재판관의 신분보장을 위한 규정이다.

2. 생각해보기

01 헌법의 규정에 의할 때 임기가 만료된 경우, 헌법재판소장의 연임은 가능할까?

★

헌법재판소장의 임기가 연임이 가능한지 여부에 대해서는 헌법에 명시적인 규정이 없다. 따라서 헌법재판소장도 헌법재판관과 마찬가지로 연임할 수 있다고 해석하는 것이 타당할 것으로 판단된다. 대부분의 학자도 같은 견해이다.

02 헌법재판소의 재판관은 정당에 가입하거나 정치에 관여할 수 없도록 한 헌법규정을 왜 둔 것일까?

★

헌법에서 헌법재판소의 재판관은 정당에 가입하거나 정치에 관여할 수 없도록 한 것은 헌법재판의 공정성과 중립성을 위한 조치로 볼 수 있다.

제113조 헌법재판의 정족수, 규칙제정권

① 헌법재판소에서 법률의 위헌결정, 탄핵의 결정, 정당해산의 결정 또는 헌법소원에 관한 인용결정을 할 때에는 재판관 6인 이상의 찬성이 있어야 한다. [**관련법률 : 헌법재판소법**]
② 헌법재판소는 법률에 저촉되지 아니하는 범위 안에서 심판에 관한 절차, 내부규율과 사무처리에 관한 규칙을 제정할 수 있다.
③ 헌법재판소의 조직과 운영 기타 필요한 사항은 법률로 정한다. [**관련법률 : 헌법재판소법**]

1. 조문의 의미

(1) 제113조 제1항

헌법재판소가 관장하는 사건은 위법법률심판, 탄핵심판, 정당해산심판, 권한쟁의심판 및 법률이 정하는 헌법소원심판의 5가지이다. 이 중 헌법재판소에서 ① 법률의 위헌결정, ② 탄핵의 결정, ③ 정당해산의 결정 및 ④ 헌법소원에 관한 인용결정을 할 때에는 재판관 6인 이상의 찬성이 있어야 한다. 헌법재판소의 심판절차에 관한 자세한 규정은 「헌법재판소법」을 참고하기 바란다.

(2) 제113조 제2항

헌법재판소는 '법률에 저촉되지 아니하는 범위 안에서' 심판에 관한 절차, 내부규율과 사무처리에 관한 규칙을 제정할 수 있다. 이를 헌법재판소의 규칙제정권이라고 한다. 헌법재판소도 대법원과 마찬가지로 규칙제정권을 가지고 있다. 대법원과의 균형을 맞추기 위한 규정으로 판단된다.

(3) 제113조 제3항

헌법재판소의 조직과 운영 기타 필요한 사항은 「헌법재판소법」에서 규정하고 있다.

2. 생각해보기

01 권한쟁의심판에 대한 헌법재판소의 심판 결정의 방법은 어떻게 이루어지는 것일까?

★

'권한쟁의심판'은 헌법재판소 재판관 전원으로 구성되는 재판부에서 관장한다. 헌법재판관 7명 이상의 출석으로 사건을 심리하고, 종국심리에 관여한 재판관 과반수의 찬성으로 사건에 대한 결정을 한다.

02 헌법소원심판의 청구에 대해 헌법재판소가 기각결정을 할 때에도 헌법재판관 6인 이상의 찬성이 있어야 하는 것일까?

★

헌법소원에 관한 '인용결정'을 할 때에는 재판관 6인 이상의 찬성이 있어야 한다. 그러나 헌법소원심판에 대한 '기각결정'을 할 때에는 종국심리에 관여한 재판관 과반수의 찬성으로 사건에 관한 결정을 한다.

선거관리

제114조 선거관리위원회, 규칙제정권

① 선거와 국민투표의 공정한 관리 및 정당에 관한 사무를 처리하기 위하여 선거관리위원회를 둔다.
② 중앙선거관리위원회는 대통령이 임명하는 3인, 국회에서 선출하는 3인과 대법원장이 지명하는 3인의 위원으로 구성한다. 위원장은 위원 중에서 호선한다.
③ 위원의 임기는 6년으로 한다.
④ 위원은 정당에 가입하거나 정치에 관여할 수 없다.
⑤ 위원은 탄핵 또는 금고 이상의 형의 선고에 의하지 아니하고는 파면되지 아니한다.
⑥ 중앙선거관리위원회는 법령의 범위 안에서 선거관리 · 국민투표관리 또는 정당사무에 관한 규칙을 제정할 수 있으며, 법률에 저촉되지 아니하는 범위 안에서 내부규율에 관한 규칙을 제정할 수 있다.
⑦ 각급 선거관리위원회의 조직 · 직무범위 기타 필요한 사항은 법률로 정한다.
[**관련법률 : 선거관리위원회법**]

1. 조문의 의미

(1) 제114조 제1항

'선거'란 선거권을 가진 사람이 공직에 임할 사람을 투표로 뽑는 행위를 말한다. '국민투표'란 선거 외에 국가의 중대한 사안 등에 대해 주권자인 국민의 의사를 물어 결정하기 위한 투표를 말한다.

선거는 민주주의의 요체이며, 국민주권주의를 실현하기 위한 가장 중요한 수단이다. 국민투표 또한 국정의 중요한 사안에 관해 주권자인 국민의 의사를 통해 결정하는 민주주의의 중요한 절차이다. 선거와 국민투표의 공정한 관리 및 정당에 관한 사무를 처리하기 위하여 헌법은 필수기관으로 선거관리위원회를 두고 있다.

(2) 제114조 제2항

'선거관리위원회'는 대통령이 임명하는 3인, 국회에서 선출하는 3인과 대법원장이 지명하는 3인의 위원으로 구성한다. 선거관리위원회 위원장은 9인의 위원 중에서 호선한다. '호선'이란 서로 투표하여 어떠한 사람을 선출하는 것을 말한다. 선거관리위원회 위원장은 위원 중에서 호선하는 점에 주목할 필요가 있다.

(3) 제114조 제3항

선거관리위원회 위원의 임기는 6년으로 한다. 다른 설명이 필요하지 않다.

(4) 제114조 제4항

선거관리위원회 위원은 정당에 가입하거나 정치에 관여할 수 없다. 위원의 정치적 중립성이 절대적으로 요구되기 때문이다.

(5) 제114조 제5항

선거관리위원회 위원은 탄핵 또는 금고 이상의 형의 선고에 의하지 아니하고는 파면되지 아니한다. 위원의 신분상 독립을 위한 규정이다.

(6) 제114조 제6항

중앙선거관리위원회는 '법령의 범위 안에서' 선거관리·국민투표관리 또는 정당사무에 관한 규칙을 제정할 수 있다. 주목할 점은 선거관리 등에 관한 규칙은 '법령의 범위 안에서' 제정할 수 있다는 것이다. 법령이란 법률과 법규명령을 모두 포함한다.

한편, 중앙선거관리위원회는 '법률에 저촉되지 아니하는 범위 안에서' 내부규율에 관한 규칙을 제정할 수 있다. 주목할 점은 내부규율에 관한 규칙은 '법률에 저축되지 아니하는 범위 안'에서 정할 수 있다는 것이다. 선거관리위원회의 규칙제정권은 국회, 대법원 등의 규칙제정권과 비교할 필요가 있다.

(7) 제114조 제7항

'각급 선거관리위원회'의 조직 · 직무범위 기타 필요한 사항은 「선거관리위원회법」에서 정하고 있다. 「선거관리위원회법」에 의하면, 선거관리위원회는 중앙선거관리위원회, 특별시 · 광역시 · 도선거관리위원회, 시 · 군 · 구선거관리위원회, 읍 · 면 · 동선거관리위원회가 있다. 이 중 읍 · 면 · 동선거관리위원회만 위원의 수가 7인이고, 나머지 선거관리위원회는 9인의 위원으로 구성되어 있다.

2. 생각해보기

01 헌법기관인 선거관리위원회가 처리해야 하는 사무에는 어떠한 것이 있을까?

★

'선거관리위원회'는 선거와 국민투표의 공정한 관리 및 정당에 관한 사무를 처리하기 위헌 헌법상 필수기관이다. 헌법상 선거관리위원회의 사무는 선거와 국민투표의 공정한 관리 및 정당사무처리이다.

02 중앙선거관리위원회는 대통령이 임명하는 3인, 국회에서 선출하는 3인, 대법원장이 지명하는 3인으로 구성되는데 위원장은 어떻게 선출하는 것일까?

★

'중앙선거관리위원회'는 대통령이 임명하는 3인, 국회에서 선출하는 3인과 대법원장이 지명하는 3인의 위원으로 구성한다. '위원장'은 위원 중에서 호선한다. 중앙선거관리위원회의 위원장은 호선하는 것은 외부적 영향력이 아닌 위원들의 의사에 의하도록 함으로써 공정성과 객관성을 확보하기 위한 취지로 판단된다.

03 중앙선거관리위원회는 2가지의 방향에서 규칙제정권을 가지는데, 그 2가지 규칙제정권의 차이점은 무엇일까?

★

선거관리 · 국민투표관리 또는 정당사무에 관한 규칙은 '법령의 범위 안에서' 제정할 수 있다. 그에 반해 내부규율에 관한 규칙은 '법률에 저촉되지 아니하는 범위 안에서' 제정할 수 있다. 법령의 범위 안에서인지 또는 법률에 저촉되지 아니하는 범위 내에서인지 명확한 구별이 필요하다.

04 선거관리위원회는 중앙선거관리위원회와 각급선거관리위원회로 구분되는데, 「선거관리위원회법」에 따른 각급선거관리위원회에는 어떠한 것이 있을까?

★

각급 선거관리위원회에는 ① 특별시 · 광역시 · 도 선거관리위원회, ② 시 · 군 · 구 선거관리위원회, ③ 읍 · 면 · 동 선거관리위원회가 있다. 나머지는 선거관리위원이 각각 9인으로 구성하지만, 읍 · 면 · 동 선거관리위원회는 7인의 선거관리위원으로 구성한다.

제115조 선거관리위원회의 권한

① 각급 선거관리위원회는 선거인명부의 작성 등 선거사무와 국민투표사무에 관하여 관계 행정기관에 필요한 지시를 할 수 있다.
② 제1항의 지시를 받은 당해 행정기관은 이에 응하여야 한다.

1. 조문의 의미

(1) 제115조 제1항

'각급 선거관리위원회'에는 ① 특별시·광역시·도선거관리위원회, ② 시·군·구선거관리위원회, ③ 읍·면·동선거관리위원회가 있다.

각급 선거관리위원회는 선거인명부의 작성 등 선거사무와 국민투표사무에 관하여 관계 행정기관에 필요한 지시를 할 수 있다. 선거관리위원회가 지시하는 내용에는 선거인명부 작성사무, 투표와 개표 때 필요한 장소 제공, 개표에 필요한 인력 지원 등이 있다.

(2) 제115조 제2항

각급 선거관리위원회의 지시에 행정기관이 따르지 않으면, 선거관리위원회는 그 기능이 무색해질 것이다. 그런 이유에서 각급 선거관리위원회의 지시를 받은 행정기관은 이에 응해야 할 의무가 있다.

2. 생각해보기

01 각급 선거관리위원회가 선거사무와 국민투표사무에 관하여 관계 행정기관에 필요한 지시를 한 경우 행정기관은 이에 응할 의무가 있을까?

★

'각급 선거관리위원회'는 선거인명부의 작성 등 선거사무와 국민투표사무에 관하여 관계 행정기관에 필요한 지시를 할 수 있으며, 당해 행정기관은 이에 응하여야 하는 의무가 있다. 이는 선거관리의 능률을 위한 취지이다.

02 선거관리위원회의 개표관리요령은 국민이나 법원의 구속하는 법적 효력이 있을까?

★

'선거관리위원회의 개표관리요령'은 개표관리 및 투표용지의 유·무효를 구분하는 업무처리지침 내지 사무처리준칙에 불과할 뿐 국민이나 법원을 구속하는 효력은 없다.

제116조 선거운동의 기회보장, 선거비용

① 선거운동은 각급 선거관리위원회의 관리하에 법률이 정하는 범위 안에서 하되, 균등한 기회가 보장되어야 한다. [**관련법률 : 공직선거법**]
② 선거에 관한 경비는 법률이 정하는 경우를 제외하고는 정당 또는 후보자에게 부담시킬 수 없다. [**관련법률 : 공직선거법**]

1. 조문의 의미

(1) 제116조 제1항

'선거운동'이란 선거에 임하여 스스로 당선되게 하거나 특정 후보자를 당선되지 못하게 하기 위하여 하는 행위를 말한다. 선거운동은 후보자에게는 헌법이 보장하고 있는 공무담임권을 기반으로 하여 표현의 자유, 양심의 자유, 행복추구권 등의 실현을 위한 수단이다. 그렇기에 옳고 그름을 버리고 자신의 당선만을 위해 불법행위를 할 가능성이 매우 높다.

그런 이유에서 「공직선거법」은 선거운동을 까다롭게 규제하고 있으며, 엄격한 제한을 가하고 있다. 누구에게나 균등한 기회를 보장하여 공정한 선거가 되도록 하기 위함이다.

(2) 제116조 제2항

'선거에 관한 경비'는 법률이 정하는 경우를 제외하고는 정당 또는 후보자에게 부담시킬 수 없다. 이를 '선거공영제'라고 한다. 우리나라는 법률이 정하는 경우를 제외하고는 선거에 관련된 비용을 국가가 부담하고 있다. 헌법이 선거공영제를 원칙으로 하는 것은 선거의 공정성을 위한 것으로 볼 수 있다.

2. 생각해보기

01 헌법은 선거에 관한 경비는 법률이 정하는 경우를 제외하고는 국가가 부담하는 것을 원칙으로 하고 있다. 이를 선거공영제라고 하는데, 선거공영제는 선거의 공정성을 위해 과연 바람직한 제도일까?

★

헌법은 선거에 관한 경비는 법률이 정하는 경우를 제외하고는 국가가 부담하는 것을 원칙으로 하고 있다. 이를 선거공영제라고 한다. '선거공영제'는 선거의 공정성을 위한 측면에서는 타당하지만, 과연 우리나라의 국회의원이 국민으로부터 그러한 지원을 받을 자격이 있는지는 되돌아볼 일이다.

02 각급 선거관리위원회는 위원 과반수의 출석으로 개의하고 출석의원 과반수의 찬성으로 의결한다. 이때 가부동수인 경우 위원장의 결정권은 인정될까?

★

'각급 선거관리위원회'는 위원 과반수의 출석으로 개의하고 출석의원 과반수의 찬성으로 의결한다. 이때 '가부동수'인 경우 위원장의 결정권은 인정된다. 국회에서 가부동수인 경우 의장의 결정권이 인정되지 않는 점과 커다란 차이가 있는 부분이다.

제3장 지방자치

제117조 지방자치단체의 권한 · 종류

① 지방자치단체는 주민의 복리에 관한 사무를 처리하고 재산을 관리하며, 법령의 범위 안에서 자치에 관한 규정을 제정할 수 있다.
② 지방자치단체의 종류는 법률로 정한다. [**관련법률 : 지방자치법**]

1. 조문의 의미

(1) 제117조 제1항

'지방자치단체'란 자치행정의 주체로서 국가로부터 행정권의 일부를 부여받은 공공단체의 전형적인 존재로서 그 법적 실체는 공법인이다.

지방자체의 핵심적 요소는 '주민자치'와 '단체자치'이다. 헌법은 지방자치를 보장하고 있으며, 지방자치단체는 주민의 복리에 관한 사무를 처리하고 재산을 관리하며 '법령의 범위 안에서' 자치에 관한 규정을 제정할 수 있도록 하고 있다. 지방자치단체의 조례제정권은 국회, 대법원 등의 규칙제정권과 비교할 필요가 있다.

(2) 제117조 제2항

지방자치단체의 종류는 「지방자치법」에서 정하고 있다. 「지방자치법」상 자치단체의 종류는 ① 특별시 · 광역시 · 특별자치시 · 도 · 특별자치도와 ② 시 · 군 · 구의 두 가지로 구분하고 있다.

2. 생각해보기

01 지방자치단체는 그 법적 실체가 무엇일까?

★

지방자치단체는 '법인'이다. 법인 중 국가와 마찬가지로 일반 공법인에 속한다.

02 지방자치단체의 조례제정권은 국회나 대법원 등의 규칙제정권과 어떠한 차이점이 있을까?

★

국회나 대법원의 규칙제정권은 '법률에 저촉되지 아니하는 범위 내'에서 인정된다. 그에 반해 지방자치단체는 '법령의 범위 안'에서 자치에 관한 규정을 제정할 수 있다. 지방자치단체의 자치에 관한 규정을 '조례'라고 한다.

03 지방자치단체의 폐지와 설치 및 분합에 관한 것은 헌법소원의 대상이 될 수 있을까?

★

지방자치단체의 폐지와 설치 및 분합에 관한 것은 대상 지역 주민들의 인간다운 생활공간에서 살 권리 등을 침해할 수 있으므로, 헌법소원심판의 대상이 될 수 있다.

제118조 지방의회

① 지방자치단체에 의회를 둔다.
② 지방의회의 조직·권한·의원선거와 지방자치단체의 장의 선임방법 기타 지방자치단체의 조직과 운영에 관한 사항은 법률로 정한다. [**관련법률 : 지방자치법**]

1. 조문의 의미

(1) 제118조 제1항

지방자치단체에는 의회를 둔다. 이를 지방의회라고 한다. '지방의회'는 법령의 범위 안에서 자치에 관한 규정을 제정할 수 있는데, 이를 조례라고 한다.

조례는 '법령의 범위 안'에서 제정할 수 있는데, 이때 '법령'에는 헌법, 법률 이외에 대통령령, 총리령, 부령과 같은 법규명령은 물론 법규명령으로서 기능하는 행정규칙도 포함된다.

(2) 제118조 제2항

지방의회의 조직·권한·의원선거와 지방자치단체의 장의 선임방법 기타 지방자치단체의 조직과 운영에 관한 사항은 「지방자치법」에서 정하고 있다.

2. 생각해보기

01 지방의회는 법령이 정하는 범위 내에서 자치에 관한 규정인 조례를 제정할 수 있다. 이때 법령의 범위에는 어떠한 것들이 있을까?

★

지방의회는 법령이 정하는 범위 내에서 자치에 관한 규정인 조례를 제정할 수 있는데, 이때 법령의 범위에는 '법률'과 '법규명령'이 모두 포함된다. 법률은 국회에서 제정한 형식적 법률을 말한다. 그리고 법규명령에는 대통령령, 총리령 및 부령을 말한다.

02 지방자치단체는 법률의 위임이 없는 경우에도 주민의 권리 제한 또는 의무 부과에 관한 사항이나 벌칙을 제정할 수 있을까?

★

지방자치단체는 주민의 권리 제한 또는 의무 부과에 관한 사항이나 벌칙을 정할 때에는 '법률의 위임'이 있어야 한다. 따라서 법률의 위임이 없는 경우에는 주민의 권리 제한 또는 의무 부과에 관한 사항이나 벌칙을 정할 수 없다.

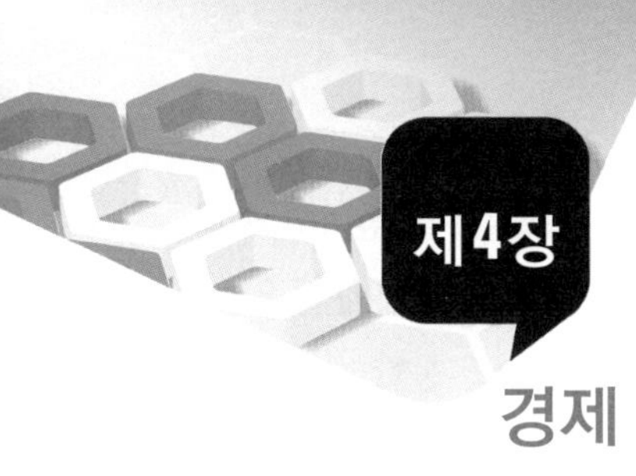

제4장 경제

제119조 경제의 기본원칙

① 대한민국의 경제질서는 개인과 기업의 경제상의 자유와 창의를 존중함을 기본으로 한다.
② 국가는 균형 있는 국민경제의 성장 및 안정과 적정한 소득의 분배를 유지하고, 시장의 지배와 경제력의 남용을 방지하며, 경제주체간의 조화를 통한 경제의 민주화를 위하여 경제에 관한 규제와 조정을 할 수 있다.

1. 조문의 의미

(1) 제119조 제1항

대한민국의 경제질서는 개인과 기업의 경제상의 자유와 창의를 존중함을 기본으로 한다. 국민경제의 주체는 개인, 기업 그리고 정부이다. 제119조 제1항은 개인과 기업이 경제의 주체가 되어야 하고, 대한민국의 경제질서는 개인과 기업의 경제상의 자유와 창의를 존중하는 시장경제의 질서를 기본이자 근간으로 하고 있음을 천명하고 있다.

한마디로 말하면, 우리 헌법상 경제질서는 사유재산제를 바탕으로 하면서 자유경쟁을 존중하는 '자유시장경제질서'를 기본으로 한다는 것이다.

(2) 제119조 제2항

헌법상 경제질서는 사유재산제를 바탕으로 하면서 자유경쟁을 존중하는 자유시장경제질서를 기본으로 한다. 그러나 그것만으로는 부족하다. 개인과 기업의 경제상의 자유와 창의는 또 다른 모순과 문제를 발생시키기 때문이다. 이를 시정하기 위한 국가의 개입은 불가피하다. 제119조 제2항은 그것을 표현하고 있다.

국가는 균형 있는 국민경제의 성장 및 안정과 적정한 소득의 분배를 유지하고, 시장의 지배와 경제력의 남용을 방지하며, 경제주체간의 조화를 통한 경제의 민주화를 위하여 경제에 관한 규제와 조정을 할 수 있다. 이를 '사회적 시장경제질서' 또는 '사회국가의 원리'라고 한다. 사회국가의 원리는 헌법의 기본원리 중 하나이다.

2. 생각해보기

01 헌법상 경제질서에 관한 헌법 제119조 제1항과 제2항이 의미하는 바는 무엇일까?

★

헌법 제119조는 헌법상 경제질서의 기본원칙에 관한 규정이다. 제1항은 '자유시장경제질서의 원칙'을 규정하고 있고, 제2항은 '사회적 시장경제질서'에 관한 내용이다.
헌법은 자유시장경제질서를 원칙으로 하고 있지만, 자유시장경제질서의 남용을 시정하고, 폐해를 방지하기 위하여 사회적 시장경제질서를 보충적 경제질서의 원칙으로 규정하고 있다.

02 음식점 등을 경영하는 자에게 자신의 도에서 생산된 소주만을 구입하도록 하는 '자도소주구입명령제도'는 헌법상 경제질서에 위배되는 것일까? 아니면 위배되지 않는 것일까?

★

음식점 등을 경영하는 자에게 자신의 도에서 생산된 소주만을 구입하도록 하는 '자도소주구입명령제도'는 소주판매업자의 직업의 자유와 영업의 자유를 침해하는 것은 물론 소비자의 행복추구권에서 파생된 자기결정권을 침해하는 것으로 헌법에 위배된다.

03 「국민연금법」에 의한 국민연금에 가입을 강제하는 법률조항은 헌법에 위배되는 것일까? 아니면 위배되지 않는 것일까?

★

「국민연금법」에 의한 국민연금에 가입을 강제하는 법률조항은 헌법의 기본원리인 사회국가원리를 실현하기 위한 것으로 그 목적의 정당성이 인정되므로, 헌법에 위배되지 아니한다.

제120조 광물 등의 특허, 국토와 자원의 보호 · 개발 · 이용

① 광물 기타 중요한 지하자원 · 수산자원 · 수력과 경제상 이용할 수 있는 자연력은 법률이 정하는 바에 의하여 일정한 기간 그 채취 · 개발 또는 이용을 특허할 수 있다. [**관련법률 : 수산업법, 산림기본법, 산림자원의 조성 및 관리에 관한 법률 등**]
② 국토와 자원은 국가의 보호를 받으며, 국가는 그 균형 있는 개발과 이용을 위하여 필요한 계획을 수립한다.

1. 조문의 의미

(1) 제120조 제1항

'특허'란 특정인에 대하여 일정한 법률적 권리나 능력, 포괄적 법률관계를 설정하는 행위를 말한다. 광물 기타 중요한 지하자원 · 수산자원 · 수력과 경제상 이용할 수 있는 자연력은 그 소유권이 대부분 국가에 있으며 국가의 중요한 자원이다.

국가 자원의 채취 · 개발 또는 이용은 법률이 정하는 바에 의하여 특허할 수 있다는 것이다. 법률이 정한 요건은 엄격해야 할 것이다. 그렇지 않은 경우에는 국가의 소중한 자원이 특정인의 이익을 위해 쓰여질 가능성이 농후하기 때문이다.

(2) 제120조 제2항

국토와 자원은 국가의 보호를 받으며, 국가는 그 균형 있는 개발과 이용을 위하여 필요한 계획을 수립한다. 문제가 있는 조항이다. 특히 후문이 그러하다. 국가는 아무런 법적 근거 없이 그 균형 있는 개발과 이용을 위하여 필요한 계획을 수립하고 실행할 수 있다는 말로 읽히기 때문이다.

국토와 자원은 국민 모두의 것이다. 그 개발과 이용을 위해서는 국민적 합의 또는 국민적 합의에 준하는 법률의 근거는 있어야 할 것이다. 그런데 '국민적 합의' 또는 '법률의 근거'라는 단어는 헌법 제120조 제2항 어디에서도 찾아볼 수 없다. 보완되어야 할 부분이다.

2. 생각해보기

01 일정한 지역을 단위로 하여 토지거래허가를 받도록 한 규정은 헌법상 경제질서에 위배되는 것일까? 아니면 위배되지 않는 것일까?

★

'토지재산권의 제한 입법'에 있어서는 다른 재산권의 제한입법보다 입법자에게 광범위한 입법형성권이 인정된다. 따라서 일정한 지역을 단위로 하여 토지거래허가를 받도록 한 규정은 헌법상 경제질서에 위배되지 아니한다.

02 국가는 국민적 합의 또는 법률의 근거 없이 국토의 개발과 이용을 마음대로 할 수 있는 것일까?

★

헌법 제120조 제2항에 근거하여 국가는 그 균형 있는 개발과 이용을 위하여 필요한 계획을 수립할 수 있다. 그러나 아무리 국가라고 하더라도 국민적 합의 또는 법률의 근거 없이 국토의 개발과 이용을 마음대로 할 수는 없다고 보아야 한다.

제121조 경자유전, 농지의 임대차 등

① 국가는 농지에 관하여 경자유전의 원칙이 달성될 수 있도록 노력하여야 하며, 농지의 소작제도는 금지된다.
② 농업생산성의 제고와 농지의 합리적인 이용을 위하거나 불가피한 사정으로 발생하는 농지의 임대차와 위탁경영은 법률이 정하는 바에 의하여 인정된다.
[**관련법률 : 농지임대차관리법**]

1. 조문의 의미

(1) 제121조 제1항

'경자유전'이란 농사를 짓는 자만이 농지를 소유할 수 있는 것을 말한다. '소작제도'란 농지를 소유하지 못한 농민이 남의 농지를 빌려서 농사를 짓는 것을 말한다.

국가는 농지에 관하여 경자유전의 원칙이 달성될 수 있도록 노력하여야 한다. 농지의 소작제도는 금지된다. 우리의 아픈 역사가 담겨져 있는 조항이다.

(2) 제121조 제2항

헌법 제121조 제1항은 농지의 소작제도는 금지된다고 규정하고 있다. 그렇다면 농지소유자가 질병, 고령, 이농 등으로 농사를 지을 수 없게 되는 경우 그 농지를 버려두어야 한다는 말인가? 말이 안 된다. 제121조 제2항은 제1항에 대한 보충적 성격의 규정이다. 법률이 정하는 경우에는 농지의 '임대차'와 '위탁경영'은 가능하다는 것이다.

2. 생각해보기

01 현행 법체계에서 농지의 소작제도는 어떠한 경우에도 허용되지 않는 것일까?

★

농업생산성의 제고와 농지의 합리적인 이용을 위하거나 불가피한 사정으로 발생하는 농지의 '임대차'와 '위탁경영'은 법률이 정하는 바에 의하여 허용될 수 있다.

제122조 국토의 이용·개발·보전

국가는 국민 모두의 생산 및 생활의 기반이 되는 국토의 효율적이고 균형있는 이용·개발과 보전을 위하여 법률이 정하는 바에 의하여 그에 관한 필요한 제한과 의무를 과할 수 있다. [**관련법률 : 국토의 계획 및 이용에 관한 법률, 농지의 보전 및 이용에 관한 법률, 자연공원법, 산림기본법 등**]

1. 조문의 의미

'국토'란 한 나라의 땅으로 국가의 통치권이 미치는 지역으로 영토, 영해, 영공을 포함한다. 헌법은 국가는 법률이 정하는 바에 의하여 국토에 관한 제한과 의무를 과할 수 있다고 정하고 있다.

특히 토지와 관련하여 토지소유자인 국민의 입장에서 보면 이 규정은 국가가 국민의 재산권을 침해하는 꼴이 된다. 그렇더라도 법률의 규정이 있으면 가능하고, 다른 재산권에 비해 공익적 성격이 강한 것이니 국토에 대해서는 보다 강한 제한과 의무가 부여될 수 있다는 것이다. '토지공개념'이 그것이다.

2. 생각해보기

01 자경농지의 양도소득세 면제대상자를 농지소재지에 거주하는 거주자로 제한하는 것은 헌법상 경자유전의 원칙에 위배되는 것일까?

★

'자경농지의 양도소득세 면제대상자'를 농지소재지에 거주하는 거주자로 제한하는 것은 외지인의 농지투기를 방지하고 조세부담을 덜어 주어 농업과 농촌을 활성화하기 위한 것이므로 헌법상 경자유전의 원칙에 위배되지 아니한다.

02 토지거래허가제는 헌법상 국민의 재산권에 대한 침해가 되는 것일까?

★

'토지거래허가제'는 사유재산제도의 부정이 아니라 그 제한의 한 형태이고, 토지의 투기적 거래의 억제를 위하여 그 처분을 제한하는 것은 부득이하므로 국민의 재산권에 대한 본질적 침해가 아니다.

제123조 농어민의 보호, 지역간 균형발전, 중소기업의 보호·육성

① 국가는 농업 및 어업을 보호·육성하기 위하여 농·어촌종합개발과 그 지원 등 필요한 계획을 수립·시행하여야 한다. [**관련법률 : 농어촌발전특별조치법, 농촌진흥법 등**]
② 국가는 지역간의 균형있는 발전을 위하여 지역경제를 육성할 의무를 진다. [**관련법률 : 지역균형개발 및 지방중소기업 육성에 관한 법률 등**]
③ 국가는 중소기업을 보호·육성하여야 한다. [**관련법률 : 중소기업진흥에 관한 법률, 중소기업협동조합법 등**]
④ 국가는 농수산물의 수급균형과 유통구조의 개선에 노력하여 가격안정을 도모함으로써 농·어민의 이익을 보호한다.
⑤ 국가는 농·어민과 중소기업의 자조조직을 육성하여야 하며, 그 자율적 활동과 발전을 보장한다. [**관련법률 : 농업협동조합법, 수산업협동조합법, 산림조합법 등**]

1. 조문의 의미

(1) 제123조 제1항

국가는 농업 및 어업을 보호·육성하기 위하여 농·어촌종합개발과 그 지원 등 필요한 계획을 수립·시행하여야 한다. 이를 위해 「농어촌발전특별조치법」, 「농촌진흥법」, 「낙농진흥법」, 「농어업인의 삶의 질 향상 및 농어촌지역 개별촉진에 관한 특별법」 등이 제정되어 있다.

(2) 제123조 제2항

국가는 지역 간의 균형 있는 발전을 위하여 지역경제를 육성할 의무를 진다. 우리나라의 수도권 집중화 현상은 어제 오늘의 일이 아니며, 계속해서 심화되고 있다. 그에 따라 지역 간의 불균형도 심화되고 있다. 헌법은 국가가 나서서 지역간의 균형 있는 발전을 위하여 지역경제를 육성하라는 것이다. 이를 위해 「지역균형개발 및 지방중소기업 육성에 관한 법률」 등이 제정되어 있다.

(3) 제123조 제3항

우리나라의 경제는 대기업을 중심으로 성장・발전해 왔다고 해도 과언이 아니다. 그 과정에서 중소기업의 희생과 소외는 필연이었을 것이다. 중소기업은 대한민국 경제의 중추이자 핵심이다. 중소기업의 발전 없이 국민경제의 발전은 기대하기 힘들다. 헌법은 국가에게 중소기업을 보호하고 육성할 의무를 부여하고 있다. 이를 위해 「중소기업진흥에 관한 법률」 등이 제정되어 있다.

(4) 제123조 제4항

'수급'이란 수요와 공급을 말한다. 농산물은 수요와 공급의 균형을 맞추기 힘든 재화이다. 그러니 국가는 농수산물의 수급균형과 유통구조의 개선에 노력하여 가격안정을 도모함으로써 농・어민의 이익을 보호하라는 것이다.

(5) 제123조 제5항

국가는 농・어민과 중소기업의 자조조직을 육성하여야 하며, 그 자율적 활동과 발전을 보장한다. 농・어민의 자조조직의 대표적인 예가 '협동조합'이다. 농업협동조합, 수산업협동조합, 산림조합, 중소기업협동조합 등이 있으며, 이에 국한하지 않고 다양한 형태의 자조조직이 인정된다. 이를 위해 「농업협동조합법」, 「수산업협동조합법」, 「산림조합법」, 「중소기업협동조합법」 등이 제정되어 있다.

2. 생각해보기

01 헌법에서 국가는 농업 및 어업 등을 보호·육성하기 위한 정책을 수립·시행하도록 하고 있는 것은 헌법의 기본원리 중 어떤 것과 연관이 있을까?

★

헌법에서 국가는 농업 및 어업 등을 보호·육성하기 위한 정책을 수립·시행하도록 하고 있는 것은 헌법의 기본원리 중 사회국가의 원리에 근거한 것이다. 대한민국은 더불어 살아야 하기 때문이다.

02 헌법상 국가는 지역간의 균형발전을 위하여 지역경제를 육성할 의무를 지는데, 국토의 균형발전은 대한민국에서 어떠한 의미를 가지는 것일까?

★

우리나라는 수도권 집중화 현상이 도를 넘어서고 있는 정도이다. 이는 수도권이 아닌 지역에 대해서 경제, 문화 등에 있어 심각한 문제를 유발할 수 있다. 이를 방지하기 위하여 헌법은 국가가 나서서 지역간의 균형발전을 도모하라고 명하고 있는 것이다.

03 헌법은 국가의 중소기업 보호·육성의무를 규정하고 있다. 헌법에서 왜 중소기업의 보호·육성에 대한 국가의 보호의무를 규정한 것일까?

★

대한민국 경제구조의 가장 중요한 근간을 차지하는 기업형태가 중소기업이다. 중소기업의 발전 없이는 고용, 생산, 소비, 투자 등 경제의 선순환구조는 달성하기 불가능하다. 헌법은 그런 이유에서 국가에 대해 중소기업의 보호·육성의무를 부여한 것이다.

제124조 소비자보호

> 국가는 건전한 소비행위를 계도하고 생산품의 품질향상을 촉구하기 위한 소비자보호운동을 법률이 정하는 바에 의하여 보장한다. [**관련법률 : 소비자기본법**]

1. 조문의 의미

국가는 건전한 소비행위를 계도하고 생산품의 품질향상을 촉구하기 위한 소비자보호운동을 「소비자보호법」이 정하는 바에 의하여 보장한다. 제124조로부터 소비자의 권리가 헌법상 권리로 도출될 수 있는지가 문제되는데, 소비자의 권리가 헌법상 권리인 것은 분명하지만 제124조로부터 도출되는지는 논란이 있다.

'소비자보호운동'이란 공정한 가격으로 양질의 상품 또는 용역을 적절한 유통구조를 통해 적절한 시기에 안정되게 구입하거나 사용할 소비자의 제반권익을 증진할 목적으로 이루어지는 구체적 활동을 말한다. 헌법은 국가가 소비자 보호운동을 「소비자기본법」이 정하는 바에 의하여 보장한다.

2. 생각해보기

01 헌법상 보장되는 소비자보호운동의 일환으로 행하여지는 소비자불매운동은 모든 경우에 정당성이 인정되는 것일까?

★

헌법상 보장되는 소비자보호운동의 일환으로 행해지는 '소비자불매운동'은 모든 경우에 있어서 그 정당성이 인정될 수는 없고, 헌법이나 법률의 규정에 비추어 정당하다고 평가되는 범위에 해당하는 경우에 한해서만 형사책임이나 민사책임이 면제된다고 할 수 있다.

02 「소비자기본법」에서 인정하는 소비자단체소송에 의해 소비자의 권익침해를 이유로 손해배상청구권도 인정될까?

★

「소비자기본법」은 헌법상 소비자보호운동을 구체적으로 보장하기 위하여 '단체소송'을 허용하고 있다. 다만, 단체소송에 의해 소비자의 권익침해를 원인으로 손해배상청구권까지 인정하고 있는 것은 아니다.

제125조 대외무역의 육성, 규제·조정

국가는 대외무역을 육성하며, 이를 규제·조정할 수 있다.

1. 조문의 의미

'대외무역'이란 국가와 국가 사이에 이루어지는 상품이나 서비스 등의 거래를 말한다. 우리나라는 자원이 부족한 국가이다. 따라서 대외무역을 통해 국민경제가 성장·발전할 수밖에 없는 구조이다. 헌법은 국가에게 대외무역을 육성하라고 한다. 다만, 대외무역이 국민경제에 부담이 되거나 개입할 필요가 있는 경우에는 규제·조정할 수 있다.

2. 생각해보기

01 최근 정부는 일본과의 무역분쟁을 위해 일본과의 대외무역에 대한 일부 규제와 조정을 가하고 있다. 그러한 정부의 행위는 헌법적으로 타당한 것일까?

★

헌법 제125조는 국가는 대외무역을 육성하며, 이를 규제·조정할 수 있다고 규정하고 있다. 최근 정부는 일본과의 무역분쟁을 위해 일본과의 대외무역에 대한 일부 규제와 조정을 가하는 것은 헌법적으로 정당화되는 조치이다.

제126조 사영기업의 국 · 공유제한

국방상 또는 국민경제상 긴절한 필요로 인하여 법률이 정하는 경우를 제외하고는, 사영기업을 국유 또는 공유로 이전하거나 그 경영을 통제 또는 관리할 수 없다.

1. 조문의 의미

국방상 또는 국민경제상 긴절한 필요로 인하여 사영기업을 국유 또는 공유로 이전하거나 그 경영을 통제 또는 관리하는 경우에도 국가는 반드시 법률에 의하여야 한다. 그렇지 않다면 국가가 헌법상 국가의 경제질서의 기본원칙인 자유시장경제질서와 국가의 경영불간섭원칙을 위배한 것이 되기 때문이다.

2. 생각해보기

01 과거 재무부장관(현 기획재정부장관)이 대통령의 지시를 받아 처벌기업인 국제그룹을 해체시키기로 기본방침을 정하고 그 후속조치로서 한 일련의 공권력의 행사는 헌법상 자유시장경제질서에 위배되는 것일까?

★

과거 재무부장관(현 기획재정부장관)이 대통령의 지시를 받아 처벌기업인 국제그룹을 해체시키기로 기본방침을 정하고 그 후속조치로서 한 일련의 공권력의 행사는 헌법상 자유시장경제질서에 위배된다.

제127조 국가표준제도, 경제자문기구

① 국가는 과학기술의 혁신과 정보 및 인력의 개발을 통하여 국민경제의 발전에 노력하여야 한다.
② 국가는 국가표준제도를 확립한다.
③ 대통령은 제1항의 목적을 달성하기 위하여 필요한 자문기구를 둘 수 있다.
[**관련법률 : 국가기술자문회의법**]

1. 조문의 의미

(1) 제127조 제1항

과학기술의 혁신과 정보 및 인력의 개발은 대한민국의 미래를 좌우할 중요한 요소이다. 그 이유는 대한민국은 자원이 부족하고 상대적으로 좁은 영토를 가지고 있기 때문이다. 제127조 제1항은 국가가 과학기술의 혁신과 정보 및 인력개발을 통해 국민경제의 발전을 위해 노력하라는 사명을 부여한 것이다.

(2) 제127조 제2항

'국가표준제도'란 국가가 과학 기술 분야에 대하여 용어, 규격, 검사 방법 따위의 표준이 되는 기준을 정하여 공정한 통일을 꾀하는 제도를 말한다. 국가표준제도는 국가의 과학기술의 산업화와 경쟁력 강화에 필수적인 요소이다. 헌법에서 국가에 대해 국가표준제도를 확립할 의무를 부여하고 있는 것이 이 조항이다.

(3) 제127조 제3항

국가는 과학기술의 혁신 등의 목적을 달성하기 위하여 필요한 자문기구를 둘 수 있다. 이를 위해 「국가기술자문회의법」이 제정되어 있다.

2. 생각해보기

01 과학기술자문회의는 헌법상 필수기관일까? 임의기관일까?

★

헌법의 자문회의 중 '과학기술자문회'는 둘 수도 있고, 두지 않을 수도 있는 임의기관이다.

제5장 헌법개정

제128조 헌법개정의 제안 · 효력의 제한

① 헌법개정은 국회 재적의원 과반수 또는 대통령의 발의로 제안된다.
② 대통령의 임기연장 또는 중임변경을 위한 헌법개정은 그 헌법개정 제안 당시의 대통령에 대하여는 효력이 없다.

1. 조문의 의미

(1) 제128조 제1항

'발의'란 의견을 내어놓는 것을 말한다. 헌법개정안 국회 재적의원 과반수 또는 대통령의 발의로 제안된다. 헌법개정안의 제안권자는 국회와 대통령이다. 국회에서 헌법개정안을 발의하기 위해서는 국회 재적의원 과반수이어야 한다. 현재 「국회법」에 따른 국회의원의 수가 300명이니 151명은 되어야 한다. 또는 대통령의 발의로 제안된다.

(2) 제128조 제2항

'대통령의 임기연장 또는 중임변경을 위한 헌법개정'은 그 헌법개정 제안 당시의 대통령에 대하여는 효력이 없다. 우리 헌정사의 아픈 과거와 단절하기 위한 규정이다.

이승만은 제2차 개헌(1954년)에서 박정희는 제7차 개헌(1972년)에서 대통령의 중임 또는 연임 제한에 관한 규정을 삭제함으로써 영구집권을 하려고 하였다. 민주주의는 쉽게 얻어지는 것이 아님을 헌정사가 우리에게 가르쳐 주고 있다.

2. 생각해보기

01 현행 헌법상 헌법개정안의 제안권자는 누구일까?

★

헌법개정안의 제안권자는 '대통령'과 '국회 재적의원 과반수의 결의'에 의한다. 결론적으로 헌법개정안의 제안권자는 대통령과 국회라고 볼 수 있다.

02 대통령의 발의로 제한된 헌법개정안이 통과되어 4년 중임제가 되는 경우 헌법개정 제안 당시의 대통령은 연임이 가능할까?

★

'대통령의 임기연장 또는 중임변경을 위한 헌법개정'은 그 헌법개정 제안 당시의 대통령에 대하여는 효력이 없다. 따라서 대통령이 발의로 제한된 헌법개정안이 통과되어 4년 중임제가 되는 경우 헌법개정 제안 당시의 대통령은 연임이 불가능하다.

제129조 헌법개정안의 공고

제안된 헌법개정안은 대통령이 20일 이상의 기간 이를 공고하여야 한다.

1. 조문의 의미

'공고'란 어떠한 사항에 대하여 일반 국민에게 널리 알리는 것을 말한다. 헌법개정안이 국회 재적의원 과반수 또는 대통령의 발의로 제안이 되었는데, 국민이 이를 알지 못하면 말이 안 된다. 헌법개정안은 국민투표를 거쳐야 하기 때문이다.

헌법은 제안된 헌법개정안을 대통령이 20일 이상의 기간 이를 공고하도록 하고 있다. 국민이 알아야 하기 때문이다.

2. 생각해보기

01 헌법개정안의 공고는 왜 필요할까?

★

헌법은 국가의 법이자, 국민의 법이다. 헌법개정안을 공고하도록 헌법에서 강제한 것은 국민이 알아야 하기 때문이며, 헌법의 최종개정권자는 국민이기 때문이다.

02 제안된 헌법개정안은 대통령을 대신하여 국회의장이 20일 이상의 기간 이를 공고할 수 있을까?

★

제안된 헌법개정안은 대통령이 20일 이상의 기간 이를 공고하여야 한다. 국회의장이 헌법개정안을 공고하는 것은 허용되지 아니한다.

제130조 국회의 의결 · 국민투표 · 공포

① 국회는 헌법개정안이 공고된 날로부터 60일 이내에 의결하여야 하며, 국회의 의결은 재적의원 3분의 2 이상의 찬성을 얻어야 한다.
② 헌법개정안은 국회가 의결한 후 30일 이내에 국민투표에 붙여 국회의원선거권자 과반수의 투표와 투표자 과반수의 찬성을 얻어야 한다.
③ 헌법개정안이 제2항의 찬성을 얻은 때에는 헌법개정은 확정되며, 대통령은 즉시 이를 공포하여야 한다.

1. 조문의 의미

(1) 제130조 제1항

헌법개정안은 개정안의 제안, 대통령의 공고에 이어 국회의 의결을 거쳐야 한다. 국회는 헌법개정안이 공고된 날부터 '60일 이내'에 의결하여야 한다. 이때 국회의 의결은 재적의원 3분의 2이상이 찬성이 있어야 한다. 국회의원 300명 중 200명 이상이 찬성하여야 한다.

(2) 제130조 제2항

헌법개정안은 국회가 의결한 후 '30일 이내'에 국민투표에 붙여야 한다. 국민투표에서는 국회의원 선거권자 과반수의 투표와 투표권자 과반수의 찬성을 얻어야 한다. 국회의원 선거권자는 18세 이상인 국민으로서 선거권이 있는 자를 말한다. 국회의원 선거권자의 과반수가 투표하여야 하고, 투표권자 과반수의 찬성을 얻어야 헌법개정안이 확정된다.

(3) 제130조 제3항

헌법개정안이 제2항의 찬성을 얻은 때에는 헌법개정은 확정되며, 대통령은 즉시 이를 공포하여야 한다. 헌법개정안의 효력발생은 국민투표에 의해 찬성을 얻은 때에 그 효력이 발생하며, 대통령은 확정된 헌법개정안을 즉시 공포하여야 한다.

2. 생각해보기

01 헌법개정을 위한 국회의 결의절차는 어떻게 되는 것일까?

★

국회는 헌법개정안이 공고된 날로부터 60일 이내에 의결하여야 하며, 국회의 의결은 '재적의원 3분의 2 이상의 찬성'을 얻어야 한다. 주의할 점은 국회의 의결은 국회 재적의원 3분의 2이상의 찬성이 필요하다는 것이다.

02 헌법개정을 위한 국민투표의 절차는 어떻게 되는 것일까?

★

헌법개정안은 국회가 의결한 후 30일 이내에 국민투표에 붙여 국회의 원선거권자 과반수의 투표와 투표자 과반수의 찬성을 얻어야 한다.

03 개정된 헌법은 언제 효력이 발생할까?

★

헌법개정안은 국민투표에 의한 국민의 찬성을 얻은 때에 그 확정의 효력이 발생한다. 국민의 의사가 확인되었기 때문이다. 대통령의 공포는 헌법개정안 확정의 효력발생과는 무관하다.

제5편

부칙

〈제10호, 1987. 10. 29.〉

개관하기

'부칙'이란 어떠한 규칙을 보충하기 위하여 덧붙인 규칙을 말한다. 헌법에서 부칙은 헌법의 끝에 붙여서 경과규정, 시행일장, 구법의 폐지 및 세칙 등을 정한 것이다. 부칙은 본문은 아니고 본문의 부수적 사항을 정한 것이지만, 본문과 동일한 효력이 인정된다. 헌법으로 말하면 헌법의 부칙도 헌법의 규정이다.

1987년 10월 29일 국민투표에 의해 확정된 헌법의 부칙은 총 6개의 조문으로 구성되어 있다. ① 시행, ② 대통령선거와 임기의 개시, ③ 국회의원 선거와 임기의 개시, ④ 공무원의 지위, ⑤ 조약의 효력, ⑥ 국가기관의 지위에 관한 규정이다.

제1조 헌법의 시행

이 헌법은 1988년 2월 25일부터 시행한다. 다만, 이 헌법을 시행하기 위하여 필요한 법률의 제정·개정과 이 헌법에 의한 대통령 및 국회의원의 선거 기타 이 헌법시행에 관한 준비는 이 헌법시행 전에 할 수 있다.

제2조 대통령선거와 임기의 개시

① 이 헌법에 의한 최초의 대통령선거는 이 헌법시행일 40일 전까지 실시한다.
② 이 헌법에 의한 최초의 대통령의 임기는 이 헌법시행일로부터 개시한다.

제3조 국회의원선거와 임기의 개시

① 이 헌법에 의한 최초의 국회의원선거는 이 헌법공포일로부터 6월 이내에 실시하며, 이 헌법에 의하여 선출된 최초의 국회의원의 임기는 국회의원선거 후 이 헌법에 의한 국회의 최초의 집회일로부터 개시한다.
② 이 헌법공포 당시의 국회의원의 임기는 제1항에 의한 국회의 최초의 집회일 전일까지로 한다.

제4조 공무원의 지위

① 이 헌법시행 당시의 공무원과 정부가 임명한 기업체의 임원은 이 헌법에 의하여 임명된 것으로 본다. 다만, 이 헌법에 의하여 선임방법이나 임명권자가 변경된 공무원과 대법원장 및 감사원장은 이 헌법에 의하여 후임자가 선임될 때까지 그 직무를 행하며, 이 경우 전임자인 공무원의 임기는 후임자가 선임되는 전일까지로 한다.
② 이 헌법시행 당시의 대법원장과 대법원판사가 아닌 법관은 제1항 단서의 규정에 불구하고 이 헌법에 의하여 임명된 것으로 본다.
③ 이 헌법중 공무원의 임기 또는 중임제한에 관한 규정은 이 헌법에 의하여 그 공무원이 최초로 선출 또는 임명된 때로부터 적용한다.

제5조 조약의 효력

이 헌법시행 당시의 법령과 조약은 이 헌법에 위배되지 아니하는 한 그 효력을 지속한다.

제6조 국가기관의 지위

이 헌법시행 당시에 이 헌법에 의하여 새로 설치될 기관의 권한에 속하는 직무를 행하고 있는 기관은 이 헌법에 의하여 새로운 기관이 설치될 때까지 존속하며 그 직무를 행한다.

| 저 | 자 | 소 | 개 |

■ 이수천

[약력]

- 법학박사
- 공인회계사, 세무사
- 건국대학교 겸임교수
- 한국신탁학회 감사
- 한국기업법학회 재무이사
- 한국법제연구원 자문위원
- 한국법제연구원 해외법제조사위원
- 국세공무원교육원 강사
- 국세심사위원회위원 역임
- 2016 국세행정포럼 패널위원
- 삼일인포마인 법인세 상담위원 등

[주요 저서]

- 「세법개론」(삼일인포마인)
- 「기업실무자를 위한 상법강의」(삼일인포마인)
- 「이수천헌법」(박문각)
- 「이수천세법개론」(박문각)
- 「이수천지방세법」(박문각)
- 「상법강의」(피앤씨미디어)
- 「회사법강의」(피앤씨미디어)
- 「이수천세법학」(피앤씨미디어)
- 「이수천실전세법학」(피앤씨미디어) 등 다수